五步成师

优秀培训师轻松炼成法则

李新海　著

中信出版集团｜北京

图书在版编目（CIP）数据

五步成师：优秀培训师轻松炼成法则 / 李新海著
. -- 北京：中信出版社，2019.5
ISBN 978-7-5217-0098-5

Ⅰ. ①五… Ⅱ. ①李… Ⅲ. ①企业管理—职工培训—
教材 Ⅳ. ① F272.92

中国版本图书馆 CIP 数据核字 (2019) 第 030948 号

五步成师——优秀培训师轻松炼成法则

著　　者：李新海
出版发行：中信出版集团股份有限公司
（北京市朝阳区惠新东街甲 4 号富盛大厦 2 座　邮编　100029）
承 印 者：北京通州皇家印刷厂

开　　本：787mm × 1092mm　1/16　　印　　张：13.5　　字　　数：168 千字
版　　次：2019 年 5 月第 1 版　　印　　次：2019 年 5 月第 1 次印刷
广告经营许可证：京朝工商广字第 8087 号
书　　号：ISBN 978-7-5217-0098-5
定　　价：50.00 元

目录

第四章 扑克牌训练法的使用

第五章 五步成师大纲找灵感

第六章 第一步——培训大纲设计

第十章　五步成师开发轨迹图

后记　第五步——培训模拟演练

序 1

一位饱含“反差”与“纯粹”愿做你后盾的培训师

在这本书还没有问世的时候，我就有幸拜读了李老师的初稿。我明白他的用意，他希望我能够领悟书中要点并能快速成长。我也知道他对我的期许，他希望早日看到我在讲台上大放异彩。

现在回想起来，我能够拜他为师真的非常荣幸。初见李新海老师是在他的办公室里，他的形象与《培训师思维》封面上的形象大相径庭，着实让我一惊。他不是风度翩翩的绅士形象，反而是大背心、大短裤、一双大拖鞋的邻家大叔形象。然而我愿意留下来与他交谈，是因为那双睿智的眼睛在不断地提醒我，他就是书上的那个才华横溢的李新海老师。

我坐下来与他交谈，一聊就是一个小时。他告诉我培训师只需在培训的时候才穿职业装，他还告诉我，一名培训师的成长轨迹是什么。他的话让我感受到他对培训的热爱与执着，并且点燃了我要做培训师的热情。就这样，那双小而睿智的眼睛并没有欺骗我，而是带我看到了培训世界里的绚烂缤纷。

拜师的当晚，我就看到了一个化腐朽为神奇的老师。他通过远程视频辅导我开课技巧，为我修改第二天开课的 PPT（演示文稿）课件至凌晨 1 点，并给我开课前的鼓励。他的每一次指导都让我受益匪浅。

我仿佛拥有了一个“哆啦 A 梦”，他毫无保留地将自己的经验传授给我，助我不断成长。我得到了一位诲人不倦的终身导师，他伴我成长，助我成就辉煌。

他是一个纯粹的、有高尚理想的并愿意为之付出一切的人。正如柳永在《蝶恋花》中所说的那样，“衣带渐宽终不悔，为伊消得人憔悴”。他一心只想为学生们谋前程，为培训事业添砖加瓦、建校立业，让天下再也没有难上的课。

在这本书中，他会带你看到培训领域的大千世界，带你看到一个极致的培训人所做的无微不至、尽善尽美的课前辅导。这本书与《培训师思维》不同，它是一部能够助你步步为营的成功宝典；它不会直接为你带来荣耀与财富，可它会指引你走向培训大咖之路；它不会替你战胜培训窘态，可它会赋予你战胜培训窘态的方法和技巧。

这本书通过培训实例，精心地讲授了从培训状态、课程大纲到课程环节，再到课程设置的各方面内容。说讲授一点都不为过，因为阅读本书就如同在现场听李新海老师的培训课，他从头到尾都带领着我们去思考、去跟他互动。他的观点新颖、语言生动，你会身临其境地感受到培训的魅力。这种能力是他在十多年培训生涯和创新思考中铸造而成的。

“知君仙骨无寒暑，千载相逢犹旦暮”，相信李老师在培训行业的坚持与执着，终将为学员、为行业带来长足的发展，同时，他的所写、所著，也会为每一位读者带来别具一格的阅读体验。

“五步成师”认证讲师

序 2

一本饱含“心意”与“新意”的培训师修炼手册

跟着我，一章、两章……

细细品味着，

思考、实践并反复练习着。

这本书会让你狂热，

请你一定相信我。

……

你好，我不是某知名“鲜肉男团”的粉丝，我是李老师的一名学生，一名研发思考力课程的普通培训师。

记得在“五步成师”的课堂上，李老师说他正在写该课程的配套书。当时的我有些不解，他这么做就不怕泄密吗？但随着学习的不断深入，在慢慢地放大了自己的格局之后，我理解了他的初心。一门好的课程是敢于拿出来接受更多学员和市场检验的，一名优秀的导师也是敢于接受大家的对比和质疑的，而精品的课程更不会因为编辑出版而影响其价值。

如果说《培训师思维》一书是李老师通过10年培训经验总结出的一套培训师修炼心法，那么这本书则更像是培训师修炼过程中的外在招式。

为了让大家更好地学习此书，我提供了一点建议、两点收获和三点体会供大家参考。

一、一点建议

和李老师的课程一样，这本书的编写也依据着一条隐藏的逻辑线。所以，我建议大家按照书中设置的章节顺序去阅读和练习，这样才能达到更好的阅读效果。

二、两点收获

1. 对于还没有学习过“五步成师”课程的朋友，你收获到的将不仅仅是原创课程的开发方法，更是一场思想的碰撞、观念的颠覆和自我认知的过程。尤其是在思考方法、流程梳理和素材整理等方面，本书会给你带来很大的收获。

2. 对于学习过“五步成师”课程的学员，这本书将是对你课程学习的补充与巩固，书中的很多内容与观点甚至是第一次对外公布。书中对“五步成师开发轨迹图”做了十分详细的解析，此部分内容是对课程开发过程的浓缩与升华，价值超高。

三、三点体会

1. 就我本人而言，在学习书中知识的同时，我感触最深的是李老师那种追梦者持之以恒的专注，智慧者洞察深处的眼光，培训者对知识的敏感与创新精神，奋发图强者助力培训界更加繁荣的舍我其谁的使命感。

在书中我仿佛看到了李老师为了截取一段精彩视频所进行的反复尝试，仿佛看到了他在别人欣赏影片时独自一人记录灵感，仿佛看到了他因为优化一个大纲而辗转反侧。总之，本书传递出来的精神价值不低于知识本身。

2. 对培训师而言，这本书将是培训人的一个移动“四次元口袋”；对于一些培训新人来说，它的存在甚至就是“诗和远方”。培训师往往要调研、总结、尝试，甚至冒险，而这本书带给你的正是经验、规律、技巧以及对完美的追求。

3. 对培训界而言，“五步成师”的课程版本已经从 1.0 升级到了 8.0，“五步成师”的课程足迹已从沈阳走向了全国各地。它的每一次迭代都是一次重生，它每走向一个城市都会为培训界注入一股新的活力。此书的出版必然会让“五步成师”在更多的城市开花结果，为培训界的发展做出更大的贡献。

最后，我要感谢李老师对我的信任，让我早于大家学习到了书中的内容，也祝愿各位读者都能借助此书早日走上名师之路。

每位想在培训行业有所作为的人都希望找到一个好的领路人，一个可以让他在培训道路上做真实自己的人。如果你已经找到了，那么我恭喜你；如果你还没有找到，那么请关注这个人——李新海。

“五步成师”认证讲师

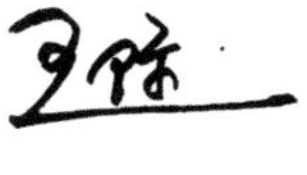

第一章

培训师的思考和辩论

让你真正明白什么是培训师

一通电话咨询引起的思考

某化妆品连锁公司的运营总监给我打电话。

总监说："李老师，方便吗？我想请教你一个问题。"

我说："方便，你问吧。"

总监说："我们公司有自己的内训师，负责每个城市的培训。老板不知道听了谁的主意，让内训师去业绩差的门店做销售，说是让内训师以身作则，用他们教的销售技巧去言传身教，带动销售业绩。我觉得内训师不应该去做销售，不应该去一线做业务，而应该把培训做好，但是我又说不出为什么，拿不出可以说服我们老板的理由。请李老师帮我分析一下，到底是我对，还是我的老板对？如果我对，那理由是什么？"

我说："你肯定是对的，你的老板被人误导了。"

总监说："真的啊，李老师，那理由是什么呢？"

我说："理由有很多。从老板被误导这方面来说，很可能有人跟你老板说，内训师应该是实战型的，他们教授销售技巧，自己更应该运用自如，而且内训师在销售现场做培训的效果会更好——他们言传身教，能够帮助业绩不好的员工提升业绩、取得进步。"

总监说："对对对，李老师，确实是这个意思，老板的一个朋友就是这么跟老板讲的。"

我说："嗯，这证明你老板的朋友不懂培训，更不懂企业的运营管理。"

总监说："是吗？那李老师，你来详细讲讲，为什么老板朋友的建议不对呢？听着貌似有道理啊，要不然我们老板不会轻信的。"

我说："是的，貌似有道理，但在深思熟虑之后，你就会发现一点道理都没有。因为按照你老板朋友的意思，内训师就应该是公司销售能力最强的，或者说是公司的销售冠军，也可以理解为，正因为他们以前是销售冠军，所以老板把他们从销售冠军的岗位提拔到内训师岗位，让他们在内部讲课，培养更多的销售冠军。可是，事实是这样吗？为了让你更明白这个道理，我给你列一个理由清单，并注明具体理由。”

（1）销售冠军讲不了课。很多销售冠军会做不会教，而且口才不好，茶壶里煮饺子——有嘴倒（道）不出。最关键的是，销售冠军不会总结，每次销售的时候，他们总能站在客户的角度见招拆招，但让他们给同岗位的销售员做培训，他们就不知道该怎么讲了。

（2）销售冠军没有时间。既然某人是销售冠军，那么他会有业绩的指标，每天忙于完成业绩，没有时间去做培训。一旦他去讲课了，时间就会被占用，他就不能保住销售冠军的头衔了，因为公司的销售亚军会赶上并超越他。

（3）销售冠军没有精力。就算销售冠军口才好，既能保住销售冠军的头衔，又有很多空闲时间，并且销售业绩已经遥遥领先（销售亚军不可能超越他），他也没有精力去研发课程。销售冠军可以和其他销售人员交流并分享销售经验，但是讲课需要用心设计课程，需要研究如何实现教学的最大价值。毕竟一心不能二用，大多数人只能把时间和精力放在一件事情上。

（4）销售冠军没有光环。销售人员经常在一起做销售，虽然很多普通销售员都佩服销售冠军，但是他们也会在平日里发现销售冠军的缺点。销售冠军如果去做培训，就会缺乏威信。

（5）销售冠军没有心胸。不管是大企业还是小公司，总会有销售冠军。销售冠军大多不愿意把自己的销售经验和技巧全部教给新员工。他们担心一旦教会新员工，自己就没有利用价值了，就可能被公司辞退，正所谓教会徒弟，饿死师傅。

我说：“所以，结合我说的这些理由，可以得出结论，不能让内训师去做业务。一方面，内训师不是销售冠军，很难起到传帮带的作用；另一方面，内训师应该置身于业务部门之外，以第三方的视角授课，促进销售人员的成长。”

总监说：“李老师你说的道理我懂了，确实是这么回事，不过如果老板说，既然这个内训师的销售能力不行，那他又凭什么讲课，凭什么促进我们公司销售人员的成长，甚至让公司的业绩翻倍呢？”

我说：“这个问题好回答。内训师拿着公司每个月支付给他的工资，每天就要总结提炼所有销售员的成功案例，研究其中的规律，研究客户都喜欢问什么样的问题。内训师还要研究销售员如何才能得到客户的信任，如何引导客户产生购买意向，如何引导客户刷卡买单。内训师还可以假扮竞争对手的客户，上门购买竞争对手的产品，这样他就可以了解到竞争对手的业务水平，回到公司有针对性地培训自己公司的员工。这样的内训师，是不是比让他去做销售更有价值啊？”

一位网友留言引起的辩论

我曾在自媒体平台发布了一篇文章，说培训师很棒，对社会有贡献，收入也比较可观，是很有发展潜力的职业。刚发布 1 个小时，就有一名网友给我留言了。

网友：“老师这么厉害，怎么自己不开公司？”（言外之意是你先开个公司来证明你的能力，然后再来当老师。）

看见这样的留言，我就给他回复了如下的内容。

我说："你好，这是你对培训师的误解。培训师是一个职业，相当于教练。例如刘翔是运动员，他跨栏的速度很快，能够获得奥运冠军，但是他的教练孙海平不是奥运冠军，只是支持刘翔，给刘翔提供动力、方法和服务而已。你提到让培训师自己去开公司，让培训师证明自己的能力，这不是抢了老板的饭碗吗？培训师和老板本来职责就不同，所以根本不需要让两种身份合二为一。而开个公司证明自己的能力，这句话更是毫无逻辑，因为开公司是老板的事情，不是培训师的事情。马云的职业是老板，不是培训师，虽然他到处讲课，宣传自己的企业，宣传自己的理念。新东方的创始人俞敏洪也是老板，他在创业初期讲课，后来致力于企业管理，但是他也不是培训师。得到 App（手机软件）的创始人罗振宇在创业初期录制讲书视频，樊登读书会的发起人樊登也曾录制讲书视频，罗振宇和樊登都是老板，甚至可以用传播者、自媒体人来标榜他们，但是他们都不是培训师。如果有企业请他们讲课，或者他们自己开设培训课程，那么充其量可以称他们为兼职培训师。"

我对网友留言的上述解答，揭示了老板和培训师的区别。可能有人能理解我的回答，有人依然不理解，为此，我需要更深入地为大家做解析。

培训师源于教师

社会上有一个古老的职业——教师。如今的教师大多在小学、初中、高中、大学任教。父母都希望子女能够通过高考改变命运，都希望他们考进中国数一数二的好学校，如清华和北大。可是教高中课程的老师都毕业于清华和北大吗？当然不是。

因为清华和北大的毕业生，要么出国留学，要么专心科研，要么考公务员，要么自主创业，要么去大学任教而去高中任教的……寥寥无几。

事实上，正是大多数非清华、北大毕业的教师培养出了很多清华、北大的学子。还有很多艺术院校培养出了许多知名画家，但是这些知名画家的教师往往没有太高的知名度。

事实告诉我们，教师可以培养出比自己更优秀的学生。培训师这个职业不是小学、初中、高中和大学的产物，却是承接大学毕业之后的成年人学习的职业。所以培训师具备了教师培养学生的特点，那就是即使培训师本身不优秀，他们也可以培养出非常优秀的学员。

销售培训师，讲销售的课程，可以培养出销售冠军。

管理培训师，讲管理的课程，可以培养出部门经理。

创业培训师，讲创业的课程，可以培养出上市集团老板。

成功者源于经历

刚刚我们分析了培训师源于教师，总结出了培训师就算不优秀也可以培养出更优秀的学员的道理。然而很多培训师为了招收学员大肆宣传“一定要跟成功者学习，一定要跟顶尖的人学习”。

这句话，你是否有所耳闻？

首先，销售冠军、部门经理，以及俞敏洪、罗振宇和樊登等创业者，他们确实是某个垂直细分领域的佼佼者。

其次，他们每个人的成功都有大环境、大背景，更有他们富有戏剧色彩的人生经历。这种人生经历是很难被复制的，所以他们的成功也很难被复制。

最后，我提出一个大胆的假设：如果大学的图书馆和各家书店的图书都是以名人的自传为主，且自传的内容都是真实的，那么人们听这些成功者讲课和看他们的自传是不是一样的，是不是可以像他们一样成功呢？答案是否定的。

虽然成功者有实战经历，且愿意分享和传授心得，但是他们缺乏对培训课程的研究，很难培养出比他们优秀的人，所以他们依然只是成功者，而不是培训师。

第二章

培训师的痛点和身份

让你直接找到培训师的本质

快速解决培训师的两个痛点

职业培训师：从传统到创新

最初的职业培训师没有参加过系统培训，大多是各岗位的精英，他们凭借自身极强的工作能力和丰富的工作经验来做职业培训。当他们学习了系统的培训师课程后，业务能力能够得到进一步提高，讲课水平也能征服客户。

随着时间的推移，很多职业培训师的大纲没有更新升级，一套课件一用就是 10 多年。在选定培训主题之后，他们根本没有认真地为自己的培训课程起过一个名字，如培训主题是“时间管理”，课程就叫“时间管理”，培训主题是“执行力”，课程就叫“执行力”。这样的名字，能对学员有吸引力吗？

在设计课程大纲的时候，很多职业培训师都采用同一个模板——是什么、为什么、怎么做、重要性、原则和误区等板块的拼凑。如果你的培训课程和大多职业培训师的如出一辙，那么你的课程是不是需要创新了呢？

在素材方面，很多职业培训师课件中的案例 10 年都不更换，视频素材也是一成不变。例如，执行力课程所用的案例一直都是海尔，所用的视频素材还是《亮剑》。10 年前的职业培训师用海尔和《亮剑》为素材，可谓经典，但是如今企业发展的大环境已经变了，你是不是要与时俱进地更换案例呢？虽然《亮剑》经典，但是当年看过这个电视剧的观众如今已经审美疲劳了，他们需要一些新的素材。

对于上述职业培训师，有的企业可能还会聘请他们，但是再过 10

年呢？如今，10 年前的职业培训师已经有 50% 多被市场淘汰了，或者说他们跟不上市场的变化而主动让位了。

所以职业培训师必须要在尊重传统的基础上，与时俱进，不断创新。

而这个创新，一定是从小到大的。

小到课程的一句话、一张图片、一页 PPT、一次互动、一个技巧。

大到一个体系、一个流程、一个标准、一个学说、一个门派。

比如以前只有智商课程，之后出现了情商课程和财商课程，而现在以商为名的课程更多了，如逆商课程、胆商课程等。

再比如以前有一个词叫总结，而现在和总结类似的概念层出不穷，如翻转课堂、复盘、头脑风暴、世界咖啡、萃取等。

就连传统的、标准的职业培训师课程，也由主讲老师在不断迭代，甚至还有一批有想法的职业培训师在这个领域发布了自己的版权课程，创造着新的市场价值。就拿我自己来说，我把我的课程命名为“五步成师”，通过五个步骤培养优秀的培训师。

而“五步成师”这门课不仅能帮助企业内训师，更能帮助职业培训师优化自己的课程。继续阅读本书，你将发现我为课程起的名字和设计的培训大纲将颠覆传统的思维，重塑职业培训师的创新之路。

潜在培训师：从奢望到现实

阅读本书的人，有企业内训师和职业培训师，但是我相信，还有更多潜在的培训师。这些潜在的培训师是企业的资深员工、部门经理、高级管理者或企业家。他们看到了培训师这个工作的价值，羡慕讲台上讲课的培训师。

每当公司组织新员工培训、职业技能培训、拓展训练、部门经理培训或某些专项培训时，他们就是那群在讲台下听课的人，总会被称呼为

“学员”。

他们希望懂得比别人多，希望与人分享自己的心得体会，希望走上讲台被称呼为“老师”，希望获得鲜花和掌声，希望获得讲课的课时费，也希望成为职业培训师以帮助自己曾经服务的企业和更多成长型企业。

如果你有这样的希望，却迟迟没有实现，甚至一直没有实现的机会，那么本书将带领你学习“五步成师”课程，帮助你将希望变成现实。

潜在培训师就是前文所说的有经历的人，平时忙于自己的工作，拥有娴熟的工作经验和技能。他们拥有培训师的良好基础，若要转行，就差前文所说的研究了。

他们在职场工作的时候没有时间研究，就算有时间研究，也可能研究不透，可能会走弯路。

本书就是用来帮助他们提高效率的，让他们更快地加入培训师的队伍，更快地成为优秀的企业内训师或职业培训师。

在做培训的过程中，我发现有一种人，他们成为培训师的速度较慢，甚至长时间不能成为培训师。他们就是追求完美的人。这种人要自己完美、要课程完美、要 PPT 完美，还要各种细节都完美。可是如果都完美了，他们还有讲课的机会吗？如果没有当初不完美的 1.0，哪里会有更好的 2.0 呢？

我的第一本书《培训师思维》为了帮助这些追求完美的人，提出了残缺思维。因为在这个世界上，没有绝对完美，只有相对完美，所以只要你尽全力制作出用于培训的课件，那就是完美的课件。在每次培训课程结束后，如果你能够结合学员的反馈信息对自己的课件和授课方法进行反思和升级，那么你就是在追求完美。

这样，每天的课程都是相对完美的，而把残缺的部分留到第二天加以完善和优化，这就是所谓的残缺思维。正因为有了残缺思维，培训师才能成就他们的梦想。

如果你理解了我说的残缺思维，那么你就应该鼓起勇气走上讲台，先讲好课程的 1.0，之后再把课程升级到 2.0、3.0，甚至 4.0、5.0（其中最关键的是 1.0 的研究）。如果你还不清楚这个从 0 到 1 的过程，请不要着急，有我呢，我将做你强大的后盾，本书也会给你系统化的支持。

一边阅读一边教学

从阅读变教学

接下来，本书将以全新的形式和你互动，按照“五步成师”教学体系，一步步地指导你，对你进行培训。

首先我说一下培训的定义（摘自《培训师思维》）。

我把培训分解为四个字，叫“陪着你训”。

“陪”是陪伴，即上课和课后的跟踪。

“着”是方法，即可以面对面沟通或通过网络、电话沟通，不局限在培训教室里的集中授课方法。

“你”是学员，包括学员的感受、学员的收获、学员的成长、学员的满意度。这些都是培训追求的目标。

“训”是训练，即每一次培训都需要在课中、课后安排训练环节，只有训练，才能保证培训的成果。如果没有成果，那么就没有必要去做这个培训。

有的企业内训师或职业培训师，喜欢在课前安排预习，或者安排一些训练的项目。我不建议培训师采用这种模式，原因有以下三个方面。

（1）浪费时间

大学之前都是应试教育，教程是固定的，内容是固定的，预习和训练有助于提高学生的学习成绩。但是，培训是针对在职人群的，他们有自己的工作，能配合企业内训或外训的时间较少。无论是企业组织员工内训还是个人付费学习，学员都希望在很短的时间内得到结果，如果培训师安排了预习和训练，那么就相当于浪费了学员的时间。

（2）减少好奇心

一场培训，学员越是好奇，越是期待，学习效果越好，所以要吊足学员的胃口，即增加学员的好奇心。预习的内容或训练的项目，或多或少与培训课程有关，那便提前透露了课程的部分内容。很多电影、电视剧、综艺节目有预告片，这些预告片都是剪辑过的；很多内容，尤其是关键内容，都会在预告片中展现，从而吸引观众的注意力，吊足观众的胃口。而知识是无法剪辑的，培训师如果提前给学员安排知识点预习或训练的任务，势必会降低学员的好奇心。

（3）削减效果

如果学员提前得到了知识点或训练的任务，认真预习或认真参加训练任务，然后准时参加培训课程直到课程结束，那么他或许会有所收获。但是由于提前得到了知识点或训练的任务，学员就会觉得自己的收获大多来自预习或训练，这就削减了现场培训的效果。

正常的培训由三个部分组成：培的部分，即教学；训的部分，即训练；还有一个部分是课后服务。而好的培训课程，是由现场教学和现场训练两个部分组成的，因为这会提高学员的参与度，从而提升培训效果。

从学员变老师

当然学“五步成师”课程，光做学员还是不够的，你需要在保留学员身份的同时，把自己变身为老师，以一名培训师自居。我教你内容，你作为学员要认真领会并对以下问题进行思考：李老师是如何设计自己的“五步成师”课程的呢？

之前曾有人联系我并表达了三个“想学”：觉得我培养培训师很棒，想跟我学“五步成师”；觉得我每天都在写原创文章，想跟我学软文写作；觉得我的《培训师思维》不错，想跟我学创作。

当时我给了他一个可供参考的答案：如果你能从老师的角度去解析其他培训师的课程，去研究我所写的文章，去研究我的《培训师思维》，我相信，你就可以讲课、写作和出书了。

为了让自己的收获最大，你现在就要把自己的角色转变成老师。假如有100人，其中10人是企业内训师，10人是职业培训师，另外80人想成为培训师（假设你是这80人中的一人），你在与他人竞争之前，就要假设自己是一位优秀的、资深的培训师。为了让你体验一下培训师的感觉，我们来做一个训练。

我对你说老师好

假设你和来自五湖四海的学员来上我的“五步成师”课程，我现在要求你们：全体起立！

我说：“各位学员，很高兴你们今天来报到。学习的这两天，你们是学员，我是老师，我会用心、尽力地教授知识。上一期有一位学员在课程结束后这样评价我——李新海老师不是他见过的最好的培训师，但绝对是他认识的所有培训师中最有良心和教学最细致的培训师。我很高兴得到学员这样的评价。为了你们今天的到来，我准备了多年。‘五步成师’从2013年首次开课，到现在已经从1.0升级迭代到了8.0。为了更好地开始‘五步成师’课程，请你们先以学员的身份，跟我说一声‘老师好’然后我回复大家一句‘学员好’。我们相互问候之后，你们先不要坐下，我们还有后续活动。我们现在开始，1、2、3！”

学员说："老师好。"

我说："学员好。"

我继续说："很好，各位。你们是来学培训课程的，你们学成之后都会当学员的培训师。培训师是神圣的职业，因为我们教的是成年人（从学校毕业之后到退休之前）。如果学员20岁大学毕业，60岁退休，那么我们要培训学员40年。如果你不是真心实意地热爱培训师这个职业，那又怎么能做这么长时间呢？所以，未来的培训师们，你们每个人都将担负着中国发展的一份使命。我要让你们现在就感受到这种使命，这种身为培训师的荣誉。我现在来扮演你们的学员，我要对在场的各位说一声'老师好'，然后你们对我说'学员好'。大家一起来感受一下。"

我正直站立，面向在场所有的学员，深深地鞠上一躬，然后大声地说："老师好。"

学员说："学员好。"

我听见学员整齐划一地喊出了"学员好"，然后起身："大家感觉如何？感觉好吗？感觉到培训师的那份荣耀了吗？"

学员说："感觉很好、很酷，感觉培训师是非常棒的职业。"

我说："是的，这个感觉非常棒，那就让我们持续这种感觉吧！"

第三章

五步成师课前整理箱

先建立 10 个文件夹备用

“五步成师”文件夹

无论你是跟着本书学“五步成师”，还是正常上“五步成师”课程，你都需要在电脑里面建立一个“五步成师”文件夹，里面放学习的内容。跟我学“五步成师”课程的学员，大多先对课件进行拍照，然后自己研究课件。还有些学员先按照“五步成师”课程的要求制作出课件，然后用他们的课件来交换我的课件。

“确定主题”文件夹

每一位培训师都要有一门主打课程，那以什么为自己的主打课程呢？很多人自己都不清楚。所以你要建立一个“确定主题”的文件夹。你需要在平日里搜集各种主题信息，甚至是课程的名字，并将这些信息汇总在这个文件夹里，然后好好研究。比如知名讲师经纪公司的师资表、培训机构的课程介绍、网络中或朋友圈里的某个课程宣传资料，你都可以对它们进行汇总，然后探究这些内容的价值并确定自己的课程主题。

“搜集素材”文件夹

“五步成师”课程将培训师开发课程必备的素材分成了 8 种，分别是案例、故事、游戏、互动、图片、音乐、视频和名言。你需要先建立一个“搜集素材”文件夹，然后在这个文件夹里再建立 8 个子文件夹，只要看见与你所选主题相关的内容，你就可以把它们复制、粘贴到对应的文件夹中。

“借鉴课件”文件夹

在选定主题之后，你便可按照“五步成师”的教学流程自己制作课件了。但是在行动之前，你还需要用心搜集这方面的课件，并把它们放进一个新建立的“借鉴课件”文件夹中。如果你选择的是销售主题，你就要尽可能多地找到销售的课件，然后把它们放到“借鉴课件”文件夹中。你还可以将销售主题细化为陌拜销售、电话销售、网络销售、门店销售，那就要相应地建立 4 个子文件夹。这样，你可以了解到别人的课件是怎么制作的，你在制作自己的课件时便更有针对性，最终，你会制作出更好的课件。当然这个方法只适用于新手培训师，当你成为高手之后，这个方法就不适用了。

“借鉴视频”文件夹

你还要建立一个“借鉴视频”文件夹（里面存放 5 类视频），以便随时借鉴。

所选主题视频

“五步成师”文件夹用来学培训内容，“搜集素材”文件夹用来搜寻可用的资料，“借鉴课件”文件夹用来熟悉别人讲课的内容。有了这些资料还不够，你还要了解跟自己所选主题相同的培训师的讲课实况。没有听过别人讲课，自己就贸然开讲，难免会有些心虚，而“所选主题视频”能帮助你了解其他培训师都是如何开场、如何过渡、如何互动、如何结尾的。

自己偶像的视频

每一名培训师在成长的过程中，都会有一位偶像培训师——他的课程风格你最喜欢，他的过渡方式你觉得最自然。你会学习他的逻辑、风格、动作，践行他的理念和梦想。

在众多优秀的培训师中，我的偶像是林伟贤——他主讲“商业模式”课程，涉及口才练习、谈判技巧等内容。每次观看他的视频，我都受益匪浅。我把其中一个我认为最精彩的视频下载到手机中，忙的时候，一天学习一遍，闲的时候，早晚各学习一遍。

虽然你可以选择任何人做你的偶像，但是我建议最好不要把和你讲同一主题的人当作偶像：一方面，你已经建立了所选主题的视频，已经有很好的培训师的视频让你观看和学习；另一方面，选择讲同一主题的人作为你的偶像，会束缚你的思维，阻碍你进行课件的创新。

口才演讲视频

培训师讲课的第一技能是口才。在《培训师思维》中，我将口才划分为五个星级标准，对应的是培训师干讲（不用 PPT，不和学员互动）的时长。

一星级培训师，干讲 1 个小时。

二星级培训师，干讲 3 个小时。

三星级培训师，干讲 6 个小时。

四星级培训师，干讲 12 个小时。

五星级培训师，干讲 24 个小时。

干讲的时间长短决定了培训师的等级。怎么把一个知识点讲得精彩，讲得通透，就需要培训师拥有可以正说、反说、对比说及递进说的口才，只有这样，培训师才能面面俱道、出口成章，才能赢得学员的好感和尊敬。

所以你需要单独建立一个“口才演讲视频”文件夹，然后把视频中的相关内容应用在自己的课件之中，这是非常有必要的。

培训讲师视频

目前全中国企业内训师的课程和职业培训师的课程已经形成了标准，而且还涌现出一批具有创新精神的培训讲师。如果你得到这类培训讲师的相关视频（不管是免费得到的，还是花钱购买的），我都建议你单独建立一个“培训讲师视频”文件夹，平时多看多学，从而提高自己的培训水平。

自己讲课视频

随着培训课程和培训经验的不断丰富，你将录制自己的讲课视频，这样你就可以从自己的讲课视频中找到自己的优点和不足，以便下次讲课重点发挥自己的优点，规避自己的不足。

“成品课程”文件夹

你要建立一个“成品课程”文件夹以存放你手上的成品课程。所谓成品，就是完整的一套课件资料。成品可遇不可求，但是一旦你得到了，就一定要保存好，因为这是一个人的心血，或者是一个团队的智慧结晶。当获得成品课程并将其保存时，你一定要经常查看学习，增加自己对成品课程的熟悉和了解，以便创作出自己的成品课程。

“个人稿件”文件夹

你要建立一个“个人稿件”文件夹，这个文件夹用来存放你的心得体会。记录下来的内容都将对你开发课程有着极大的帮助。

“自己课程”文件夹

前文建立了那么多文件夹，就是为了建立这个文件夹——“自己课程”文件夹。我们的标准是“成师”，“成师”的关键就是要有一个自己原创的课程，所以“自己课程”文件夹就是你按照“五步成师”的培养体系，逐步做好课件并将其存放的地方。

以我迭代课程的经验来说，我建议你在“自己课程”文件夹里先建5个空的子文件夹，分别命名为1.0、2.0、3.0、4.0、5.0。你先开发一套标准为两天的1.0课程，如果每半天为一个部分，那么1.0文件夹中就再建4个子文件夹。当课程升级后，其他的文件夹就会逐步被填充。

“讲师资料”文件夹

你要建立一个“讲师资料”文件夹，因为一旦有了自己的课程，你就要制作属于你自己的讲师资料了。

作为企业内训师，你需要有自己的讲师简介，以宣传和树立自己在公司的口碑，为自己的培训事业打下良好的基础。你的内心要明白，你是公司的“培训大纲”，而不是一个小人物。

作为职业培训师，你与企业客户沟通或者与单个学员沟通，都需要提供讲师简介。作为潜在培训师，你就更要清楚，这些“讲师资料”是你未来必须要制作和使用的工具。

“讲课档案”文件夹

你要建立一个“讲课档案”文件夹，因为不管你是企业内训师还是职业培训师，你只要讲课了，都会留存很多有价值的资料。你要善于整理这些资料，否则它们将会被遗忘。

你要在“讲课档案”文件夹中建若干个子文件夹，用某年某月某日某主题培训的名称标记（建立某次培训的文件夹），然后在里面放上培训大纲、培训的课件、培训的照片、培训的总结等内容。

第四章

扑克牌训练法的使用

让你拥有即兴表达的技能

老师介绍“五步成师”

各位学员，大家好，在结束了前文“老师好”的互动和“五步成师”电脑文件夹的建立之后，我现在正式向大家介绍“五步成师”课程。

第一步——培训大纲设计

第二步——培训素材设计

第三步——培训课件设计

第四步——培训技巧设计

第五步——培训模拟演练

我们这两天的课程，主要为大家详细讲解前四步。当前四步的内容学完了后，你就可以开发属于你自己的课程了。跟我学“五步成师”课程，不是模仿我、变成我，而是要做你自己，激发你内心的潜能，创造具有你自己基因的课程。当你设计好培训大纲、培训素材、培训课件、培训技巧后，你就可以进入第五步——培训模拟演练。在你模拟演练的时候，我来帮你挑毛病，当我挑不出毛病时，你就过关了，你就是拥有原创版权课程的培训师了。

具体上课时间是这么安排的：

上午 9:00—12:00，下午 13:00—16:00。

学员即兴自我介绍

由于学员来自全国各地，彼此都还不认识，我们先安排所有的学员进行自我介绍。学员在介绍自己的时候，要向唐僧学习：贫僧唐三藏，从东土大唐而来，去往西天拜佛取经。

这句话包含了每人都要问自己的三个问题：我是谁？我从哪里来？我要到哪里去？

你是谁——可以介绍你的姓名，姓名怎么写，为什么叫这个名字，有什么寓意。

你从哪里来——可以说你的家乡、风土人情、你的过去，甚至自己的爱情。

你要到哪里去——可以说说你的目标、方向、信念、梦想，最好是具体的、可衡量的。

不过我们学习的不是普通的培训课程，而是“五步成师”，我们是要把各位学员培养成培训师的，所以自我介绍要增加难度。这里我准备了一副特殊的扑克牌，每张扑克牌上都写了关键词。你只要在这副扑克牌中抽取 5 张牌，就可以用这 5 张牌上的关键词做自我介绍了。

我将所有扑克牌上的关键词都列在了 PPT 上，如图 1 所示。

图 1　扑克牌上的关键词

图 1 中有 11 列，每列有 5 个词，最后一列是 4 个词，我额外加了一个 X，凑成了 5 个词。为了方便大家抽取扑克牌，我们可以按列来选择。

如果你选择第一列，那这 5 个词就是相信、联想、培训、让步、多少。

你看见最后一列词比较少，决定选择它，那这 5 个词就是简约、工人、详细、梦想和 X（任意一个词）。

你在做自我介绍的时候，不可以把几个词连在一起。比如你选择第二列，你说“省钱的程度非常”大，这就一次性连了 3 个词。我们要求：每句话包含一个词，句子可长可短。

另外，你在做自我介绍的时候不可以撒谎。比如你选择最后一列，你说你的工作是一名“工人”，但是真实的你是一名销售经理，这不就是说谎吗？我们要求：不能为了把词说出来而造假。

五步成师小训练

此时此刻，先不要往后阅读，你自己思考 10 分钟（“五步成师”课程现场只给 1 分钟，因为这是书，所以你可以多思考一会），然后把自己的要选的词记录在下面的笔记区中，然后写一段自我介绍（囊括你所选的 5 个词）。试一试。

此环节需要有真实的学员来参与互动。在此，我要扮演 11 名学员，分别用这 11 列中的关键词来做自我介绍，让广大读者可以了解这个自我介绍是如何开展的。

第 1 列：相信、联想、培训、让步、多少

各位同学大家好，我是来自沈阳的李新海，我相信只要努力，就能做到水滴石穿。成功没有捷径，成功需要坚持和付出。

华为公司的任正非，联想公司的柳传志，他们是我的双偶像，因为我想和他们一样成功，所以今天来到这里参加这个培训。每个人都会遇到难事，只要不让步、不妥协，就一定可以成为一颗耀眼的新星。不管付出多少努力，我都会做到最好。请大家记住我，我的名字叫李新海。

第 2 列：吸引、省钱、程度、非常、诞生

各位同学大家好，我之所以被吸引至此，是因为“五步成师”课程的知名度和影响力。此次是公司外派我出来学习的，一切费用由公司承担，因此公司给我省钱了。既然第一位同学那么说，我也要最大程度地付出，不辜负公司对我的期望以及自己付出的时间。因为早就听说“五步成师”课程非常好，所以我希望在培训课程结束之后，就会诞生一位非常优秀的培训师——李新海。

第 3 列：时尚、分手、无用、最好、决赛

各位同学大家好，我叫李新海，是一位时尚小达人。之前我在国企上班，想去外面闯荡一番，便决定跟公司“分手”。人们经常会质疑我在做无用功，而我要用行动证明自己的选择是有价值的。听朋友说，做时尚培训师会大有前途，所以我选择了目前最好的培训师培养课程——“五步成师”。如果说人生的每次选择都是决赛，那么我希望我每次都是冠军。

第 4 列：基因、残缺、思念、艺术、认为

各位同学大家好，我叫李新海。公司领导说我天生就是做培训师的料。其实我知道，我没有这个基因，但是我胆大，在课件没有做好、内容还有所残缺的情况下，我就敢上台讲，即使讲错了也不怕。在上次集团演讲比赛中，我以“思念是一种病”为主题，天马行空演讲一番，结果我们艺术总监对我的表现非常满意，认为我有潜力做培训师，于是就让我来参加培训了。我希望可以和大家多多交流，共同学习成长。

第 5 列：迭代、记录、勾起、反思、无穷

各位同学大家好，今天我们一起学习，迭代自己大脑的知识，记录课程要点和难点，勾起我们对未来的向往；同时，我们反思自己的不足，努力唤醒我们无穷的潜力。在这个课堂上，有那么一个人，有才华、有梦想，你想认识他吗？他就是你眼前的这位帅哥——李新海。

第 6 列：平台、上诉、专注、参与、要求

各位同学大家好，很高兴和大家在“五步成师”这个平台相识，我叫李新海，是一名律师。如果有哪位同学遇到官司，那么我可以为你申

辩和上诉。近 10 年来，我专注于法律事业，但是为了让更多的人了解法律，我觉得参加“五步成师”培训课程很有必要。一旦学成“五步成师”，我便能培养出更多爱好法律的人并让他们参与法律实践，这将是利国利民的好事。所以我会严格要求自己，好好学习。希望大家可以监督我，谢谢！

第 7 列：银行、多数、点燃、比拼、障碍

各位同学大家好，我叫李新海，来自北京，我有个梦想，希望自己的银行账户有花不完的钱。估计大多数人和我有同样的想法。好了，不开玩笑了。在实际生活中，确实有一个职业可以实现这个梦想，那就是培训师。因为培训师不仅收入多多，而且可以通过培训点燃学员的梦想。所以我要克服自己的惰性，和自己比拼，让自己早日成师。不过我在学习的过程遇到了一个障碍——孤独，谁愿意和我一起结伴前行呢？

第 8 列：推广、不会、直接、演变、命运

各位同学大家好，我叫李新海，现在是上海某公司的一名销售员，无意中用百度搜到了“五步成师”的课程推广。以前觉得自己永远不会成为培训师，但是现在我发现，原来成为培训师也不是那么难。所以我来了，希望和“五步成师”的导师直接沟通和交流。通过培训，我希望自己能从一个新手演变成一名培训大咖，从而改变自己的命运。

第 9 列：10 分、回击、坚持、更多、信心

各位同学大家好，如果 10 分为满分的话，刚刚大家的自我介绍都能得满分，因为实在太精彩了。我叫李新海，是一名财务人员，注重细节，但是口才不好。我现在做的自我介绍可能无法有力地“回击”大

家，但是我相信只要我认真学、坚持练，就一定会说出更多精彩的内容。正如前面同学说的“水滴石穿”，对于练好口才，我还是有信心的。

第 10 列：痛苦、回家、宝座、爱情、突破

各位同学大家好，学习分两种，快乐的学习和痛苦的学习。我希望所有人都能够快乐地学习，都可以带干货回家，都可以登上“王者”的宝座，做到事业和爱情双丰收。大家说我的想法能够实现吗？我叫李新海，现在是一名婚庆主持人，我希望在场的每个人都可以突破阻碍，实现自己的梦想。

第 11 列：简约、工人、详细、梦想、X（可乐）

各位同学大家好，我一直坚信简约的人生不简单。我叫李新海，土生土长的北京人，家住在北京工人体育场附近，现任某企业的人力资源部经理。在详细了解了培训行业之后，我便以成为一名终身培训师为梦想，而且我连自己的艺名都起好了，叫“可乐”，希望大家以后都叫我可乐老师。

这些自我介绍，都是我即兴瞎编的，虚拟出了来自不同地区、从事不同职业、具有不同风格的学员。如果你的口才基础不错，那么你可以尝试着利用上述 11 列关键词即兴地做一遍自我介绍。我以过来人的身份相告，如果你具备了这种自我介绍能力，那么你做培训师便会相对轻松。

老师点评自我介绍

由于人数比较多，我就不对每个人进行点评了。现在，我来做一个整体点评。请大家思考以下问题：你刚刚进行的项目是什么，是自我介绍吗？我们该如何自我介绍呢？你还记得刚刚上台做自我介绍的同学的姓名吗？

要想成为培训师，不管是讲 3 分钟的内容，还是讲 60 分钟的课程，都需要让别人记住你。如果别人没有记住你的名字，你为之准备的内容还有什么意义呢？有的人做自我介绍，连自己的名字都不介绍；有的人做自我介绍，只说了自己名字的简称；有的人做自我介绍，自己的名字只说了一次。

事实上，他们本有机会介绍得更精彩，本有机会重点地介绍自己的名字，甚至在结尾的时候再来一次重点提醒，做到首尾呼应。

如果你在现场参加培训课程，当你做完自我介绍时，别人记不住你的名字，那么你会是什么感觉呢？

学员为什么来上课

在自我介绍环节结束后，我要阐述的内容是学员为什么来上课。无论是内训课还是公开课，培训师都必须要站在学员的角度去思考：他们为什么来上这门课程（无论是免费的还是收费的）。对此，我总结了三个原因。

- 学员来学本事。学员参加培训，是希望可以学到本事、知识和技能的。在开场的前 20 分钟，培训师必须要亮出自己的真本事，让所有学员明白他是有水平的。这个水平不是培训师念出来的，而是在培训课上让学员切身体验和感受到的。培训师可以运用教学技巧更改学员犯下的过错，弥补学员忽略的重要知识点。

- 学员来交朋友。学员参加培训，一方面是为了学习，另一方面是为了结交一批志同道合的朋友，以沟通有无，不断进步。所以大多数学员都喜欢在培训课程的开场安排自我介绍环节。
- 学员秀出自己。有一部分学员参加培训，是为了秀出自己，为了让其他学员看见有他这么一个优秀的人存在，以满足自己的“虚荣心”。

而培训师的课程想要得到学员的认可，至少要满足上述学员需求中的一个，如果精心设计，甚至可以同时满足学员的这三个需求。

学员为什么会被征服

下面我为大家揭秘培训师常用的征服学员的套路——企业内训师或职业培训师常用的 12 种方法。

- 学员训练，老师评价。
- 学员训练，自己评价，老师评价。
- 学员训练，别人评价，老师评价。
- 学员训练，别人评价，自己评价，老师评价。
- 学员训练，别人评价，自己评价，老师评价，老师演示。
- 学员训练，别人评价，自己评价，老师评价，老师演示，老师讲解技巧。
- 学员训练，别人评价，自己评价，老师评价，老师演示，学员点评老师，老师讲解技巧。

- 学员训练，别人评价，自己评价，老师评价，老师演示，学员点评老师，老师讲解技巧，学员再一次训练。
- 学员训练，别人评价，自己评价，老师评价，老师演示，学员点评老师，老师讲解技巧，学员再一次训练，老师评价。
- 学员训练，别人评价，自己评价，老师评价，老师演示，学员点评老师，老师讲解技巧，学员再一次训练，自己评价，老师评价。
- 学员训练，别人评价，自己评价，老师评价，老师演示，学员点评老师，老师讲解技巧，学员再一次训练，别人评价，老师评价。
- 学员训练，别人评价，自己评价，老师评价，老师演示，学员点评老师，老师讲解技巧，学员再一次训练，别人评价，自己评价，老师评价。

在上述 12 个套路中，前面 7 个套路是单次的，后面 5 个套路是双次的（对于同一个知识点，可以让学员训练两次）。学员通过单次训练发现问题，得到培训师的指导，通过双次训练完善优化所学内容。显然双次训练要比单次训练的效果好。

另外，上述 12 个套路中的某些操作流程可以根据学员的实际情况做微调，并不是一成不变的。

第五章

五步成师大纲找灵感

让你快速开发课程的十大渠道

讲师网灵感

中国互联网发展到今天，取得了巨大的成就，而在培训行业中，很多讲师网如雨后春笋般地出现。下面我推荐一些自己经常登录的讲师网（见表 1）。

表 1　中国知名的讲师网

讲师网	网站地址
中国讲师网	www.jiangshi99.com
中华讲师网	www.jiangshi.org
亚太名师网	www.jiangshi360.com
中华企管培训网	www.qgpx.com
华师经纪	www.myeln.com.cn
汇师经纪	www.huishi365.com
行课网	www.hke123.com
易创培训网	www.91px.com
淘课网	www.taoke.com
时代光华管理培训网	www.hztbc.com
中师讲师网	www.zhongshi99.com
名师智库	www.mingshizhiku.com
哪里有培训网	www.nlypx.com
好讲师网	www.trainer8.com
中旭文化网	www.zxwh.com

进入这些网站之后，你会看见非常多的培训师简介，你还可以看到他们培训课程的大纲。我这些年看过的培训大纲超过了 500 个。如果你不能从别人的培训大纲中找到灵感，那么你恐怕很难创造出新的培训大纲。

在你至少看了 100 个培训大纲后，估计你就会理解何为初级培训大纲、中级培训大纲和高级培训大纲了（培训大纲等级的介绍见第六章），而且能够从这些大纲里面找到可以借鉴的灵感。

一份培训大纲，不管是初级、中级还是高级的，你都可以从中获得启发。

- 课程的主题。你心想：竟然还有这样的课程主题啊，课程大纲竟然可以这样设计啊！
- 课程的名字。你心想：还可以这么起课程名字啊！
- 课程的内容。你心想：大内容竟然被分成了这么多小内容，我怎么没有想到呢？
- 课程的开场和结尾。你以前不知道如何开场和结尾，而现在却发现有那么多的开场和结尾的方式。

这里我要提一下版权问题。看的权利每个人都有，因为那些网站就是公布出来让大家看的，让大家了解培训师的课程内容的。但是，大家千万不要一模一样地照抄别人的大纲。我说的看别人的课程大纲是为了让你从中找到灵感，即当你看见别人的培训大纲时，你能够在他人的基础上举一反三，想出更好的创意。

书籍网灵感

“书中自有颜如玉，书中自有黄金屋”，这一句话，就说明了书的价值。

在我刚刚做培训师的时候，我还没有形成培训师思维，那么我是怎么开发课程的呢？答案就是从各种书籍网站买书，从书中寻找灵感。如果我要在10天之内准备好一堂销售的课程，我就去当当网一次性地购买10本最畅销的销售方面的书籍，然后逐一翻看。

有人可能会问，10天时间能看完吗，何况还要吸收和转化？事实上，我1天就能看完。

你估计会惊叹地说：“一天怎么能看完10本书？”

当然，我是有目的地、有选择性地看完这10本书的。如果你自己还没有设计出培训大纲来，那么就看这10本书的目录，从中找找灵感。

如果你已经设计出培训大纲了，那么就根据自己的大纲，去这10本书中找相应的内容，而不是逐字逐句地翻看。也就是说，我们可以从书的目录中找到培训大纲的灵感，可以从书的内容中找到培训素材的灵感。这样，我们在开发课程的时候，买的书就能为我们所用。

我身边曾经发生过两件事，颇具代表性。

之前有位学员跟我交流，我们得出一个共识，就是当下的职场人执行力欠佳，于是这位学员打算开发执行力的课程。听我讲了看书找灵感这个技巧后，他买了10本关于执行力的书来看。结果3个月过去了，我问他培训大纲有没有设计出来，他说他已经看完4本了，还在继续看呢。我说：“你是讲执行力的培训师，这10本关于执行力的书确实很有价值，但是你的目的是看完这10本书还是开发设计培训大纲呢？”

还有一个学员，在跟我学“五步成师”的过程中，参加了一个读书训练营。该训练营要求每名成员一年要看 54 本书，还要对每本书的每个章节写读书感受。这种方式适合于大多数的职场中人，但是不适合培训师，无论是企业内训师还是职业培训师。因为一旦你坚持阅读，坚持写作，便会养成阅读写作的习惯，这样的习惯就会和我刚刚说的快速从书中找寻灵感的方法形成冲突。如果你养成了这样根深蒂固的习惯，那你什么时候设计课程大纲呢？你的培训素材什么时候搜集呢？所以，在某种意义上，这种习惯会削弱培训师的创新能力。

在本书的第一章我已经说了，培训师的价值来源于研究。如果你做精细阅读，那么你极有可能跟着作者的思路走，就越来越没有自己的研究思路了。

而在看每本书时，我都会做研究，研究书籍的目录呈现、研究书籍的结构设计、研究书籍的章节分解、研究书籍的内容分布，并在有培训需求的前提下，针对我要开发的课程，研究要侧重于哪些方面做开发，研究如何发挥每本书的最大优势。

用书去找寻灵感，去研究培训大纲，和真正的阅读是不一样的。我的上述方法和观点，仅针对研究培训大纲去开发课程的培训师。

文库网灵感

在前文中，我提到要建立一个“借鉴课件”文件夹。这个文件夹中的课件一方面来源于你听免费课程的课件、你身边朋友给你的课件、你报名收费课程从老师那里得到的课件；另一方面，你可以从众多的文库网站里下载课件。

登录网站，下载并转存文件，我相信很多人都会，但是很多人不会从中寻找灵感。那么我们该如何从众多的课件中寻找培训大纲的灵感呢？

第一，学习知识点。

你一个个地打开课件看一遍，看的过程就是学习知识点的过程。我在看课件的时候，一般会利用 Word（微软公司的一个文字处理软件）记录我觉得有价值的知识点，然后将其保存好。

第二，学习逻辑线。

从一套完整的课件中，你可以看出它的逻辑线——它是怎样的流程，内容是怎么过渡的，运用了什么培训形式和互动方法。你也可以把这些逻辑线记录下来。

第三，获得新内容。

一位培训高手曾经说过一句话：培训课程的知识点一直都在，只是你是否具备发现它的眼睛。在看课件的时候，你可能会有灵感，可能会联想到新的知识点、新的内容。你把这些新的知识点和内容用在你的培训课程之中就不是模仿复制，而是借力（你只是借用课件来找寻灵感）。

第四，采用新形式。

即使培训课程的知识点你都找到了，你还需要采用创新的形式，这样才能让你的课程与众不同。

阅读网灵感

各位学员，刚刚我们说了从文库网里找寻灵感，下面我们来说说如何从阅读网里找寻灵感。

百度阅读

该平台是一个自由入驻的平台，里面的书籍分两种：一种是已经出版的书籍，一种是未出版正在连载的书籍。其中已出版的书籍可以买到，此时的灵感来源等同于前文所说的从书籍网中找寻灵感，所以我们在这里重点关注未出版的连载书籍。因为对于很多有实力的作者来说，他们有着强烈的出书愿望，于是用心去创作，所以书中自然会有很多有价值的内容。百度阅读里面连载的书籍，是我们培训师找寻灵感的重要的资料库。

简书

该平台是很多想出书的潜在作者的集散地。这些作者积极原创，发文连载，希望被简书平台看中。简书平台的作者和刚刚我提到的百度阅读里面没有出书的作者具有同样的心理，他们一定会写有价值的内容。

当然除了上述我提到的两个平台外，还有很多这样的阅读网。从阅读网上找寻灵感不能急于求成，你可以在闲暇的时候浏览这些平台，没准就能找到灵感的源泉。

问答网灵感

据我了解，适合培训师找寻灵感的问答网不多：一个是知乎网络问答社区，其中的很多大V（拥有众多粉丝的用户）非常有实力，回答问题毫无保留；还有一个是悟空问答（今日头条旗下的问答平台），它可以快速曝光一些问题，并且能够得到热心回复。

比如当你使用今日头条App时，它给你推送了若干问题，其中某个问题正是你开发的课程里涉及的知识点。在App中，该问题会得到很多人的回答，你便可以阅读他们回答的内容，然后从中找寻灵感。

虽然适合培训师找寻灵感的问答网不多，但是如果你需要内容灵感，或者是扩展眼界的灵感，那问答网便是最佳的选择之一。

如果你工作忙，他还可以先收藏问题，等有时间了，再打开电脑好好地整理你认可的答案，以备在后续开发课程时使用。

自媒体灵感

现如今自媒体平台种类繁多，比较火的平台有微信公众平台和今日头条平台。下面我介绍如何利用公众号和头条号来找寻灵感的经验。

公众号靠关注

在微信公众平台刚火的时候，很多写作高手都开通了公众号。刚开始你关注的此类公众号较少，后来会越来越多，以至你不知如何抉择。

我建议你关注 3~5 个你觉得最靠谱的公众号，仅从这几个公众号中找寻灵感即可，不可贪多。

头条号靠推荐

如今今日头条平台迅速走红，很多写手从微信公众平台转移到今日头条平台，为什么呢？因为今日头条不需要有粉丝，只要写的文章类型和读者的口味一致，文章具有吸引力，那今日头条的推荐机制就会启动，会将优秀作者写的文章推荐给感兴趣的用户。

这些写手大多是企业高管、一线实战工作者、作家、自媒体运营高手、资深培训师，他们写出来的都是专业性很强的文章。当你使用今日头条 App 经常查看某类主题文章时，今日头条后台就会给你贴上某类标签，就会给你推荐你可能感兴趣的文章。

当你从微信公众平台和今日头条平台获得有价值的信息时，一定要把它们复制到相应的资料库中。我常用的资料库是锤子便签和有道云笔记。锤子便签是记录单独的、零散的知识点的，有道云笔记是记录系统的、成套的知识点的。

大咖灵感

上述 6 个灵感来源都是网络平台。如果你想找到最直接的、对你帮助最大的灵感，那么就要和当事人对话，就是说，你要多认识大咖，并和他们交流，抓取他们的灵感。

那什么是真正的大咖呢?

管理高手

真正从基层崛起的管理高手，比如从实习生做到公司副总的高管，这样的人必然身怀绝技。如果你和他们沟通交流，聊上一个小时，那么他们会触发你关于管理课程的很多灵感。如果你认识的这样的人超过 10 个，你依次与他们交谈，把每次对话的精华总结起来，那么你就可以出书了。

资深员工

在企业一线工作 5 年、10 年甚至更长时间的员工，他们凭着满腔热情兢兢业业地服务于公司。像这样资深的员工，也堪称大咖，他们对你开发课程很有帮助，更会给你很多灵感，让你开发的课程不仅有高度，还有深度。

第三方服务机构

如果要开发课程，还要提前认识另一种大咖，并与它们交流，这种大咖就是第三方服务机构。

广告公司、咨询公司、策划公司等第三方服务机构想要生存发展就要尽最大努力满足服务的公司的需求。这些机构在服务的过程中，会沉淀很多实战案例，最终成为不折不扣的行业大咖。

培训师灵感

大咖很有用，但是还有与大咖具有同等价值的灵感来源，那就是培训师。比如你主讲的是销售课程，还有一位和你关系很好的培训师也教销售课程，如果你们能够沟通有无、畅所欲言，那么你们彼此能找寻到很多灵感。另外，那些入行比你早、已经开发出销售课程的培训师，也会给你带来富有价值的灵感。

当然你可能会说，这样的人不是竞争对手吗？会有人给你带来灵感吗？

我就回答你两个字：“会的。”

我本人就与几个和我讲同一主题的资深培训师交流过。每次交流，我们相互交换思想，彼此受益。培训师之间交流一下，彼此能够少走不少弯路。

我每到一个城市，在讲课前都会约一下当地的培训师，与他们见面交流，分享有无。有一次，由于工作的关系，晚上 10 点我才与一位资深培训师取得联系。在电话中，我说：“机会难得，是否有时间见我一面？”他回复我：“你如果愿意来，就快来吧。”

我立刻打车前往。大约 40 分钟后，我找到了资深培训师入住的酒店。我们相聊甚欢。当我问到敏感话题时，这位资深培训师说：“你小子什么问题都敢问啊？”我说：“必须敢问，这都晚上 11 点了，这么晚见面，必须聊点干货。”这位资深培训师对我毫无保留，把很多看家本领都教给了我。

假学员灵感

除了网络平台、大咖和培训师之外，我们还能从一类人身上找寻灵感，那就是假学员。

企业内训师要给公司的实习生、销售人员做培训，还要给部门经理做培训。这些学员未必能给你灵感，但那些未能参加培训的人（你的同事、你的家人等）却能成为你灵感的来源。你可以在培训之前问问那些未参加培训的同事：你想学什么课程呢？你最希望学到什么呢？你还可以问问你的家人：如果你要听我讲的这堂课，你想先听什么再听什么？你对我讲的这个内容会感兴趣吗？

无论是同事还是家人，都可以用来充当假学员，他们对你开发课程有着极佳的参考价值。

你要多找几个假学员，汇总所有得到的信息，挑选出有价值的内容，然后把这些内容融合到你的课程中，让你的课程品质更上一层楼。

影视剧灵感

影视剧也是一种很好的灵感来源。我所说的影视剧不光是电影、电视剧、纪录片和综艺节目，还有动画片。

在看电影的时候，我会在电影院里打开手机中的记事本，记录电影带给我的灵感。每次看完电影，我都能整理出 10 多条有价值的内容。

这只是一部电影带来的灵感，那 20 集、40 集甚至 100 多集的电视剧[①]呢？我在看电视剧的过程中，会随时记录下突如其来的灵感，并思考如何将其融合到自己的课程当中。

下面我分享两个培训课程大纲，它们是利用我在看电视剧时获得的灵感而原创出来的（见表 2）。

表 2　我从电视剧《闪电侠》《欢乐颂》中获得灵感原创的课程

电视剧	课程主题	课程名称	培训大纲
美国《闪电侠》	情商课程	“当下最美”	当下发生：认知现状 未来回看：是否满意 当下最美：珍惜现在 未来更美：得到更多
中国《欢乐颂》	管理课程	“五星管理”	战略布局 文化渲染 计划分解 布置下属 督导支持

各位学员，你们要学会使用上述 10 个找寻灵感的方法，不管是带着课程开发的目的去找灵感，还是暂时没有讲课需求自然地找灵感。你也许会因为一句话、一张图片、一个片段而原创出一门全国独有的精品课程。

① 100 多集的电视剧有很多，如中国香港的商战电视剧《创世纪》，美国电视剧《越狱》《绿箭侠》《闪电侠》等。

第六章

第一步——培训大纲设计

揭开“五步成师”的神秘面纱

熟悉太阳发散法

各位学员，前文我们讲述了扑克牌训练法，大家都抽了 5 张牌进行了自我介绍。很多学员第一次参加训练，没能找到窍门。在这里，我给大家一个扑克牌模板，运用这个模板，你就可以轻松地进行自我介绍了。

你把五张牌竖着摆放。

第一张：开场。

第二张：过程 1。

第三张：过程 2。

第四张：过程 3。

第五张：结尾。

你可以用第一张去开场，用第二张到第四张去讲内容，用最后一张结尾。我之前假扮 11 个新学员做的自我介绍，其中有几个便运用了这个模板。

这种模板适用于三分钟的自我介绍，对于三小时的课程便不再适用了。那三小时的课程该用什么模板呢？为此，我原创了太阳发散法。

太阳发散图的结构

各位学员请看，图 2 就是太阳发散图，是“五步成师”课题体系中专门开发培训课程的工具。

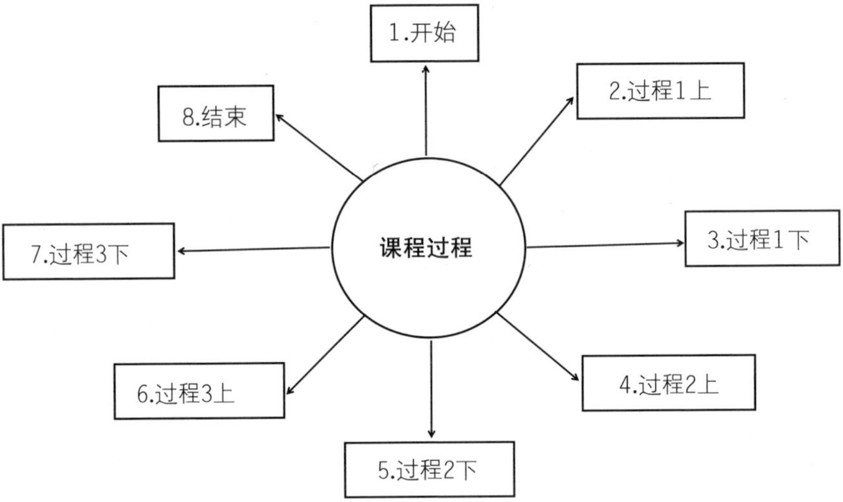

图 2　太阳发散图

培训大纲：一般培训师讲课都会分三大点，就是过程 1、过程 2 和过程 3。这个过程属于培训大纲的一级大纲，而图 2 中的过程 1 分解为上和下，过程 1 上和过程 1 下属于二级大纲。培训师开发课程，要先有一级大纲，在一级大纲的基础上再分解出二级大纲。

培训素材：培训素材分两种，一种是专业知识的证明素材，用来证明二级大纲中的知识点；另一种是过渡素材，用于从开场到过程以及从过程到结尾的过渡。

培训课件：从开场到过程再到结尾，需要连贯的 PPT 课件。这就要求培训人员具备 PPT 操作技能，更需要一种层层递进的思路。

培训技巧：如何把 PPT 课件讲得精彩，如何让学员听上瘾，培训师需要运用多种技巧。我在后面会详细讲解这些技巧。

可能有的学员会提出不同的看法，认为我的“五步成师”课题体系的顺序不对，即先有大纲再有培训素材的逻辑不通。他们会认为应该先去搜集培训素材，有了素材方能进行培训大纲的组建。还有的学员说，培训大纲和培训素材相互作用，需要同步进行。那到底哪种说法是对的呢，有没有唯一且正确的答案呢？

我的“五步成师”课程已经有五年多的历史了，得到了众多学员的认可。我当年设计这个课程的时候，研究了多种课题体系，最终才确定先有课程大纲再有培训素材的逻辑。所以，这个课题体系是经受了历史检验的。这个逻辑是唯一的，是不可更换的，更不是同步的。

为什么呢？下面我用三个成熟的课程对此加以证明。

这三个成熟的课程是全世界公认的课程“九型人格”和“高效能人士的七个习惯”，以及我原创的“五步成师”课程。

“九型人格”的九种性格分别是完美、全爱、成就、艺术、理智、忠诚、活跃、领袖、和平。

“高效能人士的七个习惯”的七个习惯分别是积极主动、以终为始、要事第一、双赢思维、知彼知己、统合综效、不断更新。

“五步成师”的五个步骤分别是课程大纲设计、培训素材设计、培训课件设计、培训技巧设计、培训模拟演练。

这些课程里面的九个性格、七个习惯、五个步骤，都是课程大纲。有了这些大纲，我们才能对应地去寻找素材，再以素材来证明大纲正确与否。

如果你先去搜集关于性格的素材、习惯的素材、步骤的素材，我相信你会搜集一堆，那么你可以从这一堆素材中总结出九种性格、七个习惯、五个步骤吗？我想恐怕很难。

（1）素材太多。那些认同先素材再大纲的学员，他们搜集到的素材是他们想要的吗？他们能判断素材究竟有多大价值吗？其实，培训大纲就好比每家每户的衣柜，只有先有衣柜，才能把大衣、裤子等（相当于培训素材）放进去。

（2）时间太紧。各位学员请想一想，无论你是企业内训师还是职业培训师，你的公司或你的客户都不会给你足够的时间去开发课程（你被允许准备的时间通常是一个月，甚至只有一个星期）。

综上所述，我们必须坚持先有课程大纲再有培训素材的课题体系。对应到我所说的太阳发散法，就是先整理出该课程的过程 1、过程 2、过程 3，再去搜集素材，然后匹配到整个太阳发散图中。

太阳发散法的时间

太阳发散法是专门针对 3 小时（180 分钟）课程的。

上述的三大部分——开场、过程和结尾，都是课程必须有的吗？答案是肯定的。如果没有开场，直接讲过程中的干货，有人愿意听吗？如果没有结尾，讲完干货就直接下课，学员就会感觉很突兀。

另外，在培训期间，培训师还要给学员休息的时间——茶歇时间、和其他同学交流的时间。

休息时间加上图 2 中的 8 个步骤，构成了太阳发散法的 9 个板块（平均每个板块占用时间为 20 分钟）。其中，过程 1、过程 2、过程 3 均分为上、下两个部分，即每个过程占用时间为 40 分钟（这是学员学习效率最高的时间段）。而对于每个板块的 20 分钟，你可以继续拆分（见表 3）。

表 3　板块时间（20 分钟）的拆分方法和应用技巧

拆分段数	板块时间	应用技巧
2 段	10 分钟	老师讲解
	10 分钟	学员训练

（续表）

拆分段数	板块时间	应用技巧
3 段	7 分钟	老师讲解
	7 分钟	学员训练
	6 分钟	老师点评
4 段	5 分钟	老师讲解
	5 分钟	学员训练
	5 分钟	老师点评
	5 分钟	老师演示

可能有的学员会不理解，为什么开场环节的开头是学员训练，而过程环节的开头是老师讲解呢？

因为在开场的扑克牌训练环节中，老师只要适当地说明规则而不需要讲解任何知识就能让学员参加训练。而在培训课堂上，培训师都要先讲解知识点，直到学员掌握了相关知识点，再通过训练加以巩固。在第一次的训练过程中，学员难免会遇到问题，所以培训师要针对遇到的问题进行点评，然后系统地演示一次，从而加深学员的印象。

太阳发散法的备课

我们在开发课程时，先不要考虑开场和结尾，这样能更有效地准备过程的内容。

没错，开场很重要，但是如果一味地思考如何开场，可能你永远也想不到一个合适的开场。

如果你要讲 3 个小时的课程，那么可以先不考虑开场、休息和结尾的内容，只需先考虑过程 1 至过程 3 的内容。过程 1 至过程 3 将占用两个小时的时间。在一般情况下，你要给学员讲 3 个小时的课程，而现在你只需准备两个小时的课程就可以了，有没有一种轻松的感觉呢？

当准备好讲课的内容后，我们再考虑如何开场和如何结尾。

作为培训师，你是否会因为紧张，用 2.5 个小时讲完了 3 个小时的课程，还剩下半个小时没有内容讲了？更可怕的是你只讲了两个小时，最后剩下 1 个小时没有内容讲了。这对于从业 10 年的培训师来说也是极有可能发生的。所以你必须要有备用的知识点，我将其称作“备课撒手锏”。

每个过程都分过程上和过程下，共计 40 分钟。为了让课程更丰满，我们可以在过程上和过程下之外，再准备一个“过程中”。这个“过程中”也是 20 分钟的知识点学习和演练内容。

有 3 个过程，就需要准备 3 个“过程中”，也就是说要额外准备 60 分钟的内容。

如果你讲快了，只讲了 2.5 个小时，那剩下的半个小时，你就可以拿出一个“过程中”，至于是三个过程中的哪个“过程中”，就需要针对具体课程来确定了。这样，在 20 分钟的“过程中”讲完后，还剩下 10 分钟，你只要做一个课堂总结，就可以下课了。

如果你讲了两个小时，还剩下 1 个小时，那么你就可以对所有的学员说：“各位学员，前面我们已经讲完了课程的内容，为了实现理论与实践的结合，现在我给大家安排 3 个实践内容，考验大家是否掌握了所学的技能。如果有人没掌握，我会在整个实践过程中给予针对性的指导，确保所有的学员都能够学以致用。”

综上所述，按照太阳发散法的模板，你需要准备两个小时的干货，20 分钟的开场内容，20 分钟的结尾内容，以及 1 个小时的备课撒手锏，共计 3 小时 40 分钟的讲课内容。

太阳发散法的使用

当确定了课程主题并为课程主题起了一个名字之后，你便可以在一张 A4 纸上画上一个圈，然后在圈中写上课程的名字。

你要在圈外画 8 条分支，每条分支的旁边画上一个长方形的方框，里面靠左写上 1 至 8 的序号（先不填写具体的内容）。

那你要先从序号 1（开场）来研究吗？

不，李老师在这里要用一个真实的案例告诉你，一定不要从 1（开场）去研究，因为有无数培训师都在这里栽了跟头。

我曾经的一个学员在跟我学完“五步成师”课程后就回家研究他的太阳发散法，结果一个月、三个月、半年过去了，他依然没有研究出来。

我在一个月的时候问过他研究得怎么样了，他说有点眉目了。我说：“好，加油。”

我在三个月的时候继续问他的进展情况，他说有点纠结了。我说：“需要我帮忙吗？”他回复说：“自己再研究研究。”

我在半年的时候又问他：“课程大纲还没有弄出来吗？”他说：“李老师啊，我研究课程大纲半年了，连最开始的那个部分都没有想明白。”我说：“你先不要考虑开始的 1 和结尾的 8，而是要直奔主题去研究过程 1、过程 2、过程 3。”

结果没出一周的时间，他告诉我他研究出了课程大纲。

所以，想五步成师，想使用好太阳发散法，想先研究课程大纲，就一定要先思考过程的部分，再思考开场和结尾。

那么如何制作培训大纲的一级目录呢？我们需要先了解什么是单一课，什么是系统课。

单一课：就是用 1 张太阳发散图，3 个小时就把课程讲完。

系统课：就是用 4 张太阳发散图，12 个小时把课程讲完。

因为企业员工一般都比较忙，没有太多时间，所以企业内训师大多开发单一课，也会偶尔开发系统课。

职业培训师去企业做内训，或者自己开公开课，都是讲两天的系统课，偶尔会讲 3 个小时的单一课。

潜在培训师对太阳发散法非常好奇，特别想学会如何应用。

现在，无论你是企业内训师、职业培训师还是潜在培训师，都请跟随我一起走进“五步成师”的第一步——培训大纲设计的具体内容。

培训大纲三等级

各位学员，我做培训师 10 年了，看见过的培训大纲超过 500 个。有的大纲很有吸引力，它们会激发人们的学习欲望，而有的大纲会给人一种索然无味的感觉。

培训大纲有三个作用：

（1）告诉学员你要讲什么。培训大纲，顾名思义就是培训的大体纲要。通过大纲的罗列，学员可以了解到整个课程的框架，可以清楚地知道自己可以学到什么内容以及课程内容是如何安排的。

（2）展示培训师的能力。在培训大纲中，有一些知识点是学员没有见过的，比如某种工具、某种表格、某种方法，甚至某种训练。这些内容能够充分展现培训师的能力。作为一名培训师，如果你的培训大纲中没有这些内容，那么学员又怎么会觉得你优秀呢？虽然培训师的简介能凸显你的资历，但只有培训大纲才能凸显你的课程设计能力。

（3）激发学员的学习欲望。好的大纲，不仅有文字描述，还要有一定的美感，即课程大纲也是需要包装的，所以，美化培训大纲也是培训师必修的功课。

为了让大家学会如何制作大纲，我特意将这些年我看过的大纲进行归类整理，总结其中的奥秘和技巧，并将培训大纲按课程的复杂程度和整体程度分为初级、中级、高级三个等级。

补充一句，该培训大纲的等级归属“五步成师”教学体系，可能和你作为企业内训师、职业培训师或潜在培训师的认知有所不同，请在学习过程中保持“空杯”心态，这样你会收获更多。

初级培训大纲

各位学员，我们先来了解一下初级大纲，它有以下特点：看着像论文，内容是零散的，无递进的逻辑关系。

常见的初级大纲有以下三种类型：

- 是什么、为什么、怎么做。
- 误区介绍、原因分析、解决方案。
- 理论讲解、实战技巧、模拟演练。

看着眼熟吗？一方面它同论文挺像，另一方面它与你之前讲课时用到的设计大纲非常相似。

我曾经问过我的一个学员，我说：“如果让你设计一个 3 个小时的关于执行力的培训大纲，你怎么设计啊？”

他说：“这个简单，我立刻就能设计出来。”

我说：“好啊，那你说说。”

他说：“执行力的定义是什么，执行力的重要性有哪些，以及如何提高执行力。”

各位学员，这是完美的设计大纲吗？当然不是，因为它毫无美感。

学生时代的学习内容是相对固定的，因为教材都是印制好的，老师都是按照既定的内容教学的，学生都是按照教材学习再参加考试的。而在职场中，不管你是企业内训师还是职业培训师，都需要在教学的过程中让学员感受到创新——课程内容和课程形式的创新。如果你的课程与论文有着一样的教学大纲，那么它会得到企业或企业客户的认可吗？

前文我说过课程大纲有三点作用：告诉学员你要讲什么，展示培训师的能力，吸引学员的学习欲望。

如果你只告诉学员你要讲什么，那么这样的培训课程则显得呆板，谁会愿意用心听呢？谁会愿意为此付费呢？

在培训行业发展的历程中，目前我定义的初级大纲受到很多培训师的追捧，甚至很多世界500强企业希望它们的内训师或外部培训师用初级大纲来讲课。2017年12月，某大型集团的培训负责人联系我，让我为他们的企业做一次时间管理方面的培训。以下是他们为此次培训提供的大纲。

谁偷走了我的时间

2017年的时间都去哪里了

时间管理的误区

时间管理的技巧和工具

2018年全年的规划

我看了一下说："这个大纲我觉得相对初级，我特别重视和你们公司的合作，请给我一些时间，让我为你们制作一个更好的培训大纲吧。”

培训负责人说：“李老师，你能这么认真负责，我很高兴，不过还是用我给你的大纲吧。”

上述这个案例，说明了什么呢?

说明了企业认可它们自己的大纲，当它们有培训需求的时候，会希望用自己设计的大纲来培训。

没错，各位学员，事实已经摆在了你们面前：虽然在“五步成师”课程体系中，某些课程采用的是初级大纲，但是并不代表这样的课程不好、没有市场，也不代表这样的课程不值钱。

在“五步成师”课程体系中，我把知名的“九型人格”也定义为初级大纲课程。虽然“九型人格”课程不像论文，但是其内容非常零散，九种性格是完全不同的，没有特别紧密的关系。

我们再来看一门名为“5S”的课程，它的内容是前后呼应的、相辅相成的，所以它是中级大纲课程。

为什么这么说呢，我们用一个表格来体会一下（见表 4）。

表 4 “九型人格”课程与“5S”课程的大纲比较

“九型人格”课程	“5S”课程
1. 完美 2. 全爱 3. 成就 4. 艺术 5. 理智 6. 忠诚 7. 活跃 8. 领袖 9. 和平	1. 整理（Seiri） 2. 整顿（Seiton） 3. 清扫（Seiso） 4. 清洁（Seiketsu） 5. 素养（Shitsuke）

如果你熟悉这两门课程，你会明显地感觉到："九型人格"的课程是由点构成的，每个点代表一种性格；而"5S"课程是由流程构成的，每个流程之间有着紧密的逻辑关系。如果你不熟悉这两门课程，你可以在网上查阅相关资料来验证我的看法。

我们同时忽略这两门课程的背景，也不去考虑由哪位资深的培训大咖授课，更不考虑这两门课程对社会的影响，我们只单独考虑它们的大纲，你觉得是点状的、零散的课程更易于学员理解，还是有着紧密逻辑关系的课程更易于学员理解呢?

我相信所有学员都会选择有着紧密逻辑关系的课程，这也是为什么我会将和论文很像、内容零散的、无紧密逻辑关系的大纲定义为初级大纲了。

中级培训大纲

在了解了什么是初级大纲后，很多人明白了、开窍了。他们认识到，作为企业内训师或职业培训师，务必制作出有紧密逻辑关系的大纲，因为这样的培训大纲是有利于学员理解的。

"九型人格"及其他类似的课程，依然在职场中受到欢迎，依然有企业客户或个人学员愿意付费学习，而有着易于理解的中级培训大纲的课程将会引领未来培训行业的发展趋势。

中级培训大纲的特点是：实战型、模块化，关键是有一条清晰的逻辑线。这条逻辑线是初级培训大纲和中级培训大纲的区别所在。中级培训大纲的逻辑线，其本质就是流程（见图 3）。

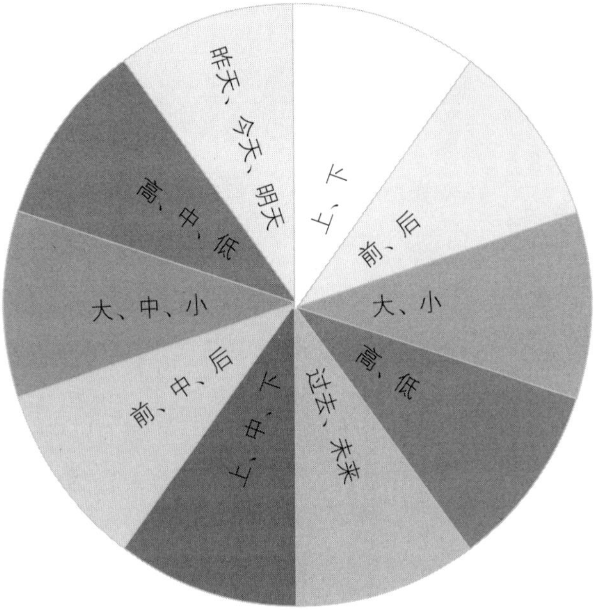

图 3　中级培训大纲的逻辑线——10 个流程

上述 10 个流程，你一看就懂，无须我多做解释。可是在开发课程的过程中，好像能够直接派上用场的只有“前、中、后”流程。实际上，在中级培训大纲中，这 10 个流程贯穿始终，只是会因课程内容不同而有所区别。接下来我以常见的中级大纲的三种类型来具体讲解。

模块类中级培训大纲

只要课程主题和培训大纲里面的内容出现了一模一样的文字，就是模块类中级培训大纲。下面我以主题是心态的“职场八大心态”课程为例进行说明。“职场八大心态”的大纲如下：

- 空杯心态；

- 学习心态；
- 积极心态；
- 幸福心态；
- 付出心态；
- 坚持心态；
- 共赢心态；
- 感恩心态。

大纲里的每个条目都包括“心态”二字。这就是我刚才说的，课程主题和培训大纲的内容中出现了一模一样的文字。这种培训大纲就属于模块类中级培训大纲。

为了更好地理解模块类中级培训大纲，你可以这么思考：主题是一个大心态，培训大纲中的条目是一个个小心态，它们被学员容易理解的一条逻辑线连接在一起。

那这八大心态的逻辑线是什么呢？它们的逻辑关系又是什么呢？

五步成师小训练

此时此刻，请你思考 10 分钟，然后在笔记区中记录你的思考内容：在课程大纲中，八大心态为什么这样排序呢？能否打乱顺序？你是否有一个自己的排序呢？

各位学员，思考时间到。虽然我无法看见你们的答案，但是我可以讲一讲我的答案，你们对比之后，也许会有所收获。

关于模块类中级培训大纲，最重要的就是设计出一条无懈可击的逻辑线。逻辑线是你自己提炼出来的，它涉及很多设计理念和技巧，而你一旦用心去思考，你的逻辑线将优于其他人的逻辑线。

既然我们已知课程的名字叫“职场八大心态”，那这条逻辑线就一定跟职场息息相关。大家请跟我一起思考啊。

作为一个大学生或一个工作多年的人，你来到一家企业办理入职手续成为新员工，此时需要什么心态呢？你是不是要有空杯的心态？

作为一名新员工，你需不需要参加新员工培训呢？如果需要，那要用什么心态去参加培训呢？你是不是要有学习的心态？

你在参加完新员工培训之后，要以什么样的心态去迎接具体的工作呢？如何与领导、与同事打交道呢？如何去创造业绩呢？你是不是要有积极的心态？

你积极工作、努力表现，会不会得到领导的认可和赏识呢？在工作的过程中，会不会遇到困难呢？不开心怎么办？你是不是有要幸福的心态？

如果你已经转正了，那么要不要继续努力，争取早日升职加薪呢？要付出多大努力才能升职加薪呢？你是不是要有付出的心态？

你付出了努力，却没有获得应有的回报，正常吗？正常，那要怎么办，要放弃吗？不，继续付出。这个时候，你是不是有要坚持的心态？

你付出了、坚持了，就能升职加薪吗？不一定。因为只有实现了和员工共赢，和领导共赢，和客户共赢，你才能获得升职加薪的机会。你是不是要有共赢的心态？

你如果实现了升职加薪的目标，是不是要感谢曾经帮助过你的人——你的父母、你的朋友、你的领导和同事呢？你是不是要有感恩的心态？

说了这么多，大家能感受到这条逻辑线吗？“职场八大心态”的逻辑线是按照新员工入职办手续、新员工培训、试用期、转正、努力工作、升职加薪为时间轴的。

对比刚刚做的小训练，你觉得我说的这条逻辑线是无懈可击的吗？如果你有更好的逻辑线，欢迎你和我沟通，我们共同交流成长。

我在表 5 中列出了“沟通无压”课程的模块类中级培训大纲。

表 5　优秀培训师的培训大纲之“沟通无压”

课程名称和培训师介绍	课程一级大纲
课程名称“沟通无压” “五步成师”认证讲师：林奎	一、沟通识压——新认知 二、沟通量压——识自己 三、沟通解压——有方法 四、沟通无压——走职场

整体类中级培训大纲

只要课程的名字是一个整体，而课程大纲是构成这个整体的各个部分，那么该大纲就是整体类中级培训大纲。我们还以“五步成师”的课程为例。

课程的名称为“五步成师”，构成这个整体的就是五个步骤。

- 培训大纲设计（第一步）。
- 培训素材设计（第二步）。
- 培训课件设计（第三步）。
- 培训技巧设计（第四步）。
- 培训模拟演练（第五步）。

为什么是这五个步骤呢？这里面又有着怎么样的逻辑线呢？阅读完本书，你将会有深刻的体会。

再看一个我曾经为一家企业服务而原创的课程，该课程叫“团队管理一起赢”。该课程的培训大纲见表6。

表6 “团队管理一起赢”培训大纲

一级大纲	二级大纲
一	一个人
	一个目标
	一个团队
起	在一起计划
	在一起沟通
	在一起执行
赢	赢目标
	赢突破
	赢挑战

各位学员，你们觉得这个大纲好不好？

这个课程的主题是团队管理，而课程的名字在其后面仅加了“一起赢”三个字，叫“团队管理一起赢”。你们觉得好听吗？

我想答案应该是肯定的。“团队管理一起赢”的一级大纲更是把“一起赢”这三个字作为团队管理的三个部分，每个部分一个字。“一、起、赢”，组成了一个完整的课程，有创新，有逻辑。这种大纲能够让所有的培训师甚至让不懂培训的人都会有眼前一亮的感觉。

“团队管理的定义是什么，为什么学团队管理，如何提高团队管理”这样的课程大纲和“一、起、赢”这样的课程大纲相比，孰优孰劣，应该一目了然吧。

我坚信，未来的中国培训市场一定会涌现出更多的中级培训课程。

表 7 列出了“定制思考力”课程的整体类中级培训大纲。

表 7　优秀培训师的整体类中级培训大纲之“定制思考力”

课程名称和培训师介绍	课程一级大纲
课程名字“定制思考力” “五步成师”认证讲师：王际	一、结构思维打基础 二、放飞思维做创新 三、产出思维做表达 四、定制思维成风格

美化类中级培训大纲

只要课程名字和课程大纲的内容中出现同一个字、同音字或押韵的字，这就是美化类中级培训大纲。各位学员请注意，我们美化的是课程名称，而不是课程主题。下面我用终身谈判技术研究者、筑成咨询签约谈判培训师、“八维谈判”课程创始人郑文杰老师的真实案例为大家解读，让大家清楚什么是美化类中级培训大纲。

我和郑老师曾经沟通过如何原创一门精品的谈判课程。该课程的主题是谈判，那么该课程的名称该如何确定呢？该如何制作培训大纲呢？

我和郑老师曾一度陷入迷茫。我们在参考了众多的谈判类书籍后，了解了谈判市场的课程和书籍的诸多情况，受到了一些启发。

有一位王牌谈判大师罗杰·道森写的《优势谈判》一书，引起了我们的关注。我们来看一看该书的大纲。

《优势谈判》的大纲

第一部分：优势谈判 步步为赢

第一章　开局谈判技巧

第二章　中局谈判技巧

第三章　终局谈判策略

第二部分：巧用策略 坚守原则

第四章　不道德的谈判策略

第五章　谈判原则

第三部分：解决问题 化解压力

第六章　解决棘手问题的谈判艺术

第七章　谈判压力点

第四部分：知己知彼 互利双赢

第八章　与非美国人谈判技巧

第九章　解密优势谈判高手

第五部分：谈判高手 优势秘籍

第十章　培养胜过对手的力量

第十一章　造就优势谈判的驱动力

请问各位学员，根据我们刚才的教学，你们认为《优势谈判》这本书的大纲是初级大纲还是中级大纲呢？没错，是中级大纲。那你觉得它是我们提到的模块类中级大纲还是整体类中级大纲呢？没错，是整体类中级大纲。因为这五个部分共同构成了谈判整体，第一部分和第五部分都凸显了优势字样，进行了首尾呼应。

通过这个大纲，我理解的这本书的逻辑线是：一个准备谈判的人在走进谈判桌之前需要了解开局、中场的谈判技巧，并提前思考好谈判结束时候的策略，以及可能用到的不道德策略，并要明确自己应该坚守的原则（这些是正常的准备）；准备谈判的人还要做好在谈判过程中遇到矛盾和压力的准备，并努力实现双赢；这本书最后提供了成为谈判高手的建议。

《优势谈判》这本书可以火爆全球，除了作者专业的谈判能力和知名度之外，它的大纲也是功不可没的。

我结合《优势谈判》的大纲，给郑文杰老师提供了很多课程开发的建议。最终郑老师结合我的建议，推出了一个可以媲美《优势谈判》的谈判课程"八维谈判"。虽然该课程只有一级大纲，但是对于我和郑文杰老师而言，已经意义非凡了。

下面请大家仔细看看郑文杰老师原创的课程大纲。

"八维谈判"的培训大纲

第一部分　位子

第二部分　唯心

第三部分　围绕

第四部分　围棋

第五部分　伪装

第六部分　未来

第七部分　威力

第八部分　维度

该课程的一级大纲为什么是这个内容？它的逻辑线是什么？未来的二级大纲和知识点会不会更精彩？想要得知答案，敬请期待“八维谈判”这门课程。

我先用我们刚刚讲的知识点来对照分析一下。

各位学员请看，“八维谈判”的主题是什么？是谈判。请问大纲里面出现谈判了吗，出现主题了吗？没有。那它就不是模块类中级培训大纲。

“八维谈判”这个课程除了主题“谈判”之外，还剩下一个修饰主题的词“八维”。那该课程的大纲里面有没有出现与“维”字同音或押韵的字呢？显然出现了。那这个“八维谈判”的培训大纲就是美化类中级培训大纲。

我在表 8 中列出了“六知赢家路”和“五步成名”课程的美化类中级培训大纲。

表 8　优秀培训师的美化类中级培训大纲之“六知赢家路”“五步成名”

课程名称和培训师介绍	课程一级大纲
课程名称“六知赢家路” “五步成师”认证讲师：李睿	（1）知自己 （2）知职业 （3）知生涯 （4）知规划 （5）知快慢 （6）知差距

（续表）

课程名称和培训师介绍	课程一级大纲
课程名字“五步成名” “五步成师”认证讲师：陈斓兮	第一步：制作你的特色名片 第二步：制成你的专属名品 第三步：制造你的良好名声 第四步：制成你的好记名牌 第五步：制定你的私人名路

中级培训大纲的内容至此已经讲完了，你学会了吗？作为一本书，写到这里，可以点到为止了，但是作为培训课程，我还有一招撒手锏。我认为培训的最强佐证就是对比，如对比的观点、图表、案例，因为它们可以让学员理解得更加深刻。

为此，李老师将中级培训大纲中的整体类中级培训大纲和美化类中级培训大纲进行了系统的对比（见表 9），让你们一目了然。

表 9　整体类中级培训大纲和美化类中级培训大纲的对比

大纲种类	培训主题	课程名称	课程大纲
整体类中级培训大纲	培养职场精英	“打造精英特质”	1. 大脑：升级你的发动机 2. 眼睛：借你一双千里眼 3. 心脏：洞察每个人心思 4. 嘴唇：说出有道理的话 5. 手脚：放得下和走出去
美化类中级培训大纲	培养职场精英	“五眼世界”	1. 肉眼——所见即所得 2. 情眼——忍不住想你 3. 商眼——眼里只有钱 4. 心眼——说不清缘分 5. 神眼——不一样境界

在表 9 中，我以培养职场精英为主题，设计了两种不同的课程名称和培训大纲，它们都属于中级培训大纲。

在“打造精英特质”中，我把精英作为一个整体，并把课程大纲分成了大脑、眼睛、心脏、嘴唇、手脚五个部分。这里的逻辑线是由内而外的：大脑是用来思考的，眼睛是用来观察的，心脏是用来推动血液流动的，这些都属于内；而嘴唇、手脚是用来对外行动的，它们都属于外。所以你看，这个“打造精英特质”的课程大纲好不好，适不适合企业内训师用来在企业内部培养精英呢？适不适合职业培训师拿到社会上开课呢？

在你简单地分析了“打造精英特质”这门课程之后，我相信你会觉得这门课程从整体出发，还是有较高的课程品质的。只不过，整体类中级培训大纲和美化类中级培训大纲相比，始终差了一个档次。

你再看看“五眼世界”的课程大纲，把它和“打造精英特质”课程大纲对比一下，你会发现什么？

你会发现，在用词方面，“五眼世界”的课程大纲给人一种眼前一亮的感觉。你还会发现，这种培训大纲比整体类中级培训大纲更系统。第一眼是肉眼，即我们的眼睛，作为一种客观存在，具有看见事物的功能；在我们的成长过程中，我们会有亲情、友情和爱情，这三种情感构成了我们的第二眼，即情眼；为了生活，我们要工作，工作属于商业行为，有目标、有付出、有回报，这就构成了我们的第三眼，即商眼（我把上述“三眼”比作一个有一双明亮的眼睛的人戴着一副特殊的眼镜——左边是情感的镜片，右边是商业的镜片）。眼睛看见东西，内心就会有感觉，这就是我们的第四眼，即心眼。最后，再上一个台阶，我们把思想境界命名为神眼（第五眼）。

怎么样，各位学员，通过两个原创的课程大纲的对比，你更加清楚地理解整体类中级培训大纲和美化类中级培训大纲之间的区别了吧！

高级培训大纲

讲完了中级培训大纲，我们再说说高级培训大纲。

如果说初级培训大纲没有逻辑线，中级培训大纲有逻辑线且可以让学员获得深刻的理解，那么高级培训大纲就是在严谨的逻辑线的基础上，再加上其他内容，实现一语双关（或多关），形成比中级培训大纲更易理解的效果。

为了让大家对高级培训大纲有更为直观的了解，我给大家准备了两个高级大纲的案例，一个是“听会就买”课程大纲，另一个是“五行演说”课程大纲。

张彬老师，是资深销讲专家、筑成咨询公司的签约销讲培训师，目前还在原创属于自己的精品课程，他之前和我有过沟通和交流。我结合张彬老师的专业，用时不到一个小时，就设计出了“听会就买”这个课程。

目前，全国越来越多的企业都在运用会销模式开展业务。路演、招商、发布会等都属于会销模式，它们都是一种培育客户的市场推广行为，而“听会就买”便是讲述会销的。所以我们一起来研究会销课程“听会就买”的高级培训大纲，一定会对你有新的启发。

“听会就买”的培训大纲

听众想听什么关键点

听众想按什么顺序听

听众的心如何被同化

听众的钱如何交给你

看完培训大纲，你第一眼觉得这是什么级别的大纲呢？会不会和我们之前讲的美化类中级培训大纲很像啊？因为大纲中都有“听众”二字，与课程名称都出现了同一个字——“听”。

其实这里面有个隐藏的知识点，就是一语三关。我把“听会就买”中的第二个字“会”设计成了四种意思。

第一种意思是会销。

你在会销时要讲什么，客户来到会场想听的关键点是什么？这就是第一部分的内容——听众想听什么关键点。

第二种意思是听懂明白。

客户听到了想听的，那是否听懂了、听明白了、听会了呢？你运用的方法、讲的顺序，是否能满足客户的心理需求？这就是第二部分的内容——听众想按什么顺序听。

第三种意思是注重时效。

讲得好，很重要，但更重要的是要注重时效，要让听众听明白其中的道理，还要让他们快速产生共鸣，实现让参加会销的听众与你心灵相通。这就是第三部分的内容——听众的心如何被同化。

第四种意思是成交购买。

当客户与你产生共鸣后，你还要促成他们购买。这就是第四部分的内容——听众的钱如何交给你。

所以，像这样有一语双关或更多寓意的培训大纲，就一定是高级培训大纲。

我将这个“听会就买”的培训大纲给了张彬老师，然后有了下面的对话。

张彬老师：“李老师，这个大纲，一看就是精品课程的大纲。”

我：“是啊，你以你的实战经验，再结合我开发课程、设计中级或高级课程的经验，看看能否推出更好的课程。”

张彬老师：“这个大纲给了我很大的启发，我好好研究研究，看看能否原创一个比这个更好的。”

一周过去了，张彬老师给我发来微信，告诉我，在“听会就买”大纲的基础上，他原创出一门销讲课程“重拳销讲”。该课程正在开发中，我非常期待。

怎么样，对于高级培训大纲，你现在有些体会了吗？如果体会不深，我们再来详细解读第二个课程“五行演说”（见表 10）。

表 10 “五行演说”课程大纲与课程配图

<table>
<tr><th>“五行演说”课程大纲</th><th>“五行演说”课程配图</th></tr>
<tr><td>（1）万丈高楼平地起——土
（2）行家出手有没有——金
（3）逻辑思维通整体——水
（4）枝繁叶茂很不错——木
（5）点燃全场有技巧——火</td><td>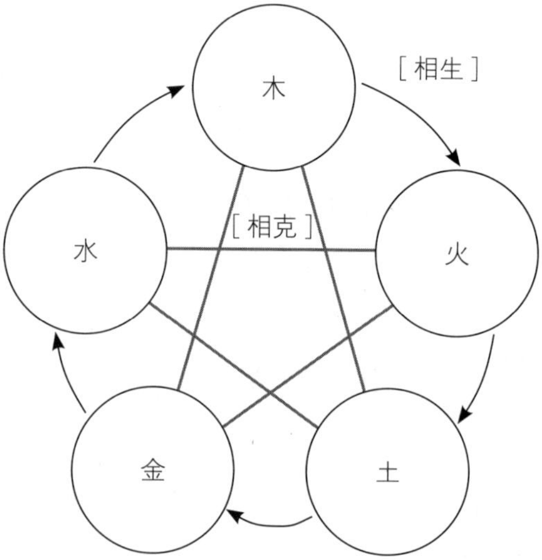
</td></tr>
</table>

各位学员，你们觉得这个“五行演说”的培训大纲如何？高级不高级？

现在我来为大家详细解读这个大纲的设计思路。

请问大家，这个大纲符合整体类中级大纲的要求吗？从第一句“万丈高楼平地起”一直到最后一句“点燃全场有技巧”，是不是构成了一个整体的演说内容呢？

请问大家，这个大纲符合美化类中级培训大纲的要求吗？每一句都有七个字，文字略带诱惑性，你会被它们吸引；阅读起来朗朗上口，容易背诵。

请问大家，这个大纲能让你感觉到和五行的结合吗？

“万丈高楼平地起”是不是在形容土？要想提高演讲水平，需要牢固的“地基”，需要扎实的基本功。

“行家出手有没有”是不是在形容“金”？此处的“金”指的是你在讲台上的精气神。就像京剧演员上台之后的举手投足，就像电影明星登台领奖的精彩表现，他们的一举一动无不是内在修炼和外在修炼的完美体现。

“逻辑思维通整体”是不是在形容水？逻辑思维是什么，是整场演讲的逻辑线，要行云流水。演讲者的思想境界深刻地影响着这种逻辑思维。

“枝繁叶茂很不错”是不是在形容木？这里的木，你可以把它想象成一棵大树，长满了绿叶，每个叶子都好比是一个词语。要做好演讲，你要运用优美的词语（如专门对比的、专门过渡的、专门递进的词语），让听众产生不同的心理感受。

“点燃全场有技巧”是不是在形容火？技巧其实分两种，一种是语言技巧，一种是互动技巧（互动反映的是一种氛围，是一种现场的感觉）。当你具备了基本功，具备了良好状态，拥有了逻辑线，积攒了足够多优美的词语后，就差这一把点燃听众热情的火焰了。

我知道，如果要开发一门课程，那么就必须把相关领域研究透彻，不能只是生搬硬套。比如某位演讲培训师，觉得五行这个创意不错，便把这个概念放进课程大纲中，把课程大纲分成五个部分，依次是金、木、水、火、土。然而这位培训师根本不懂五行相生相克的道理，你说这样的操作能开发出精品课程吗？答案是不用心就不能开发出精品的高级培训大纲。而刚刚我们解读的“五行演说”课程，就是由非常用心、专注演讲又爱好传统文化的赵津老师原创出来的。

我在表 11 中列出了几位优秀培训师相关课程的高级培训大纲。

表 11　优秀培训师相关课程的高级培训大纲

课程名称和培训师介绍	课程一级大纲
课程名称“三多执行力” “五步成师”认证讲师：杨爽	1. 多一次思考 2. 多一次模拟 3. 多一次确认
课程名称“秩序四步曲搞定项目” “五步成师”认证讲师：杨可观	1. 建秩序（接手项目创建秩序——“立法”） 2. 磨秩序（试水项目磨合秩序——“试行”） 3. 守秩序（推进项目守护秩序——“执法”） 4. 升秩序（实战项目迭代秩序——“修法”）
课程名称“黑马定亏赢” “五步成师”认证讲师：马民主	1. 择马——相得益彰 2. 饰马——守正出奇 3. 荐马——一击即中 4. 造马——照单全收 5. 滤马——日臻完善
课程名称“职场飞鱼，游刃有余” “五步成师”认证讲师：尹妍妍	1. 鱼心所向，咸鱼有梦 2. 鱼脑助力，价值百倍 3. 鱼测未来，所向披靡 4. 鱼跃龙门，游刃有余

第七章

第二步——培训素材设计

建 8 个文件夹搜集素材

培训案例

培训案例定义

案例就是人们在生产生活中经历的典型的富有多种意义的事件陈述，它是人们所经历的故事中的有意截取。案例对于人们的学习、研究、生活等具有重要意义。基于案例的教学是通过案例向人们传递针对性的、有教育意义的有效载体。因此，人们常常利用案例来进行说服、思考和教育。

各位学员，我结合上述案例的定义，为培训案例下一个简单易懂的定义：培训案例就是发生在你自己身边或别人身边的职场事件，并能与你所要讲的主题、课程名称和大纲相结合的内容。

培训案例搜集

那案例该如何搜集呢？我告诉大家一个最简单、最好用的方法——记笔记，记录自己每天的所见所闻。当一件事跟你要讲的课程主题有很大关联的时候，你就在日记本上记录下这件事，并附上自己的感悟和总结，那么你的培训案例就有了。

我小时候特别讨厌记笔记。直到 2011 年，我懂得了记笔记在工作中的价值和意义，从那时起我就每天记笔记。

各位学员可能有各种借口不记笔记，但想要成为优秀的培训师，想要搜集更多的培训案例，记笔记是很有必要的，你必须迈出这一步。

我的一位培训师朋友给我讲述了一个案例，特别有说服力，在此和大家分享。

一位国内有名的小说家来学校开讲座。在提问环节，一位听众问："普通人应该如何成为一名小说家？当我们的经济收入无法支撑理想时，应该如何平衡？"

小说家给的答案是："回到宿舍，打开电脑，双击一个叫 Word 文档的东西，敲下第一个字，你就已经是小说家了。"

如果你在现场，听见了这名小说家的解答，会不会觉得很精彩啊？这句解答，充分证明了迈出第一步的价值。培训师讲课，要证明一个观点，需要一些案例来支撑。这些案例是你在平日里一点一滴积累的，是你在日记中日积月累而最终呈现的。

我和一位朋友曾经途经一所寺庙，我们有幸遇见一位大师正在讲经，就听了一会。在听的过程中，大师的一句话特别经典，解开了我在开发课程中迟迟未解的一个困惑。于是我立刻去了卫生间，拿出手机开始记录。

可能你会说，大师后续讲经可能会有更多经典的内容，你去卫生间记录，不就没有听到，不就会有很多遗憾吗？我想说的是，我没有遗憾，因为谁也不能保证听大师讲经一定能解决我开发课程的难题，而当我听到一句于我有帮助的话时，我就心无遗憾地去卫生间记录，此时此刻，大师讲经的其他内容都毫无意义了。我记录下时间和地点，记录下大师的那句经典，记录下这句经典是如何帮助我解开困惑的，于是就有了现在给大家讲的这个案例。

培训案例用法

为了帮助各位学员更好地理解培训案例的用法，我们采用实战训练的方法：给出题目，你先自己训练；当你给出自己的答案后，再对照我的答案找出你的优点和不足。

第一题：聪明的导购

一对夫妇逛商场，女的看中一套高档餐具，坚持要买，男人嫌贵，不肯掏钱。导购悄悄地对男人说了一句话，男人一听马上掏钱。是什么让他立马转变了态度？原来导购员对男人说："这么贵的餐具，你太太是不会舍得让你洗的。"

五步成师小训练

此时此刻，请你思考10分钟，然后在笔记区中记录你的思考内容——这个销售案例可以使用吗？请说明理由。

你的答案是什么呢？

我熟知的一位销售培训师认为这个案例的效果很好，会征服学员，他认为这个案例可以用。

我曾经在"五步成师"课程中让学员对这个销售案例进行分析，分析它是否可用。学员们都说可以用，还列出了非常多的理由。

而我给出的答案是：不可以用。

为什么这个销售案例不可用？

因为，那些给出肯定答案的人是站在培训师的角度来思考的，而没有站在学员的角度思考。

假如一个公司有 60 名销售人员，他们全部坐在会议室里听你主讲销售技巧或者销售心理课程。这 60 人一定有销售业绩排名，从第 1 名到第 60 名。我们假设销售业绩好的有 20 人，销售业绩一般的有 20 人，销售业绩差的有 20 人。

对于业绩差和业绩一般的销售人员来说，使用《聪明的导购》案例有助于提升他们的销售能力。而对于销售业绩好的人来说，他们会觉得这个案例存在漏洞，也就是说，男人听了导购的话，可能还是不会买。既然案例存在漏洞，那培训师引用这个案例就是失败的，学员就会怀疑培训师的水平。

其实销售业绩差的人和销售业绩一般的人差不多，他们的领悟能力和洞察力都比较差，这个案例对他们是有利的，这样的话，共计 40 人觉得这个销售案例可以接受，也就是说整体上有三分之二的人对这个案例感到满意。

可是你别忘记了，如果培训师在企业内部给销售人员讲课，那么当课程结束后，人力资源经理、培训经理、部门经理，都会问问培训效果如何，他们会问业绩差的、业绩一般的人吗？很可能不会。相关人员更可能会问销售业绩好的那 20 人，甚至直接问销售冠军。

普通的培训师能够征服普通学员，而优秀的培训师能够征服优秀学员。我期望你们成为优秀的培训师，去征服销售冠军。只要销售冠军认可你，那么其他人就都会认可你。所谓“擒贼先擒王”，就是这个道理。

第二题：麦当劳选干部

假设你在给学员讲“职场心态”的课程，你的讲课方式是：先讲故事，再做解析，最后总结出一种职场心态。这种总结的职场心态，没有固定答案，全靠你自己领会。请看案例：

20 世纪 70 年代初，美国麦当劳总公司看好中国台湾的市场。在进军中国台湾之前，它们需要在当地先培训一批高级干部，于是进行了公开的招考甄选。由于麦当劳总公司要求的标准颇高，许多青年企业家都惨遭淘汰。

经过多层筛选，一位名叫韩定国的某公司经理脱颖而出。在最后一轮面试前，麦当劳的总裁和韩定国夫妇进了一次座谈。总裁问了韩定国一个出人意料的问题：“如果我们要你先去洗厕所，你会愿意吗？”

韩定国还未开口，一旁的韩太太便随口答道：“我们家的厕所一向都是由他洗的。”总裁大喜，免去了最后的面试环节，当场拍板录用了韩定国。

五步成师小训练

此时此刻，请你思考 10 分钟，然后在笔记区记录你思考的内容——通过上述案例，你能总结出什么心态呢？

各位学员，这个案例反映了一种什么样的职场心态呢？

韩定国当场被录用了。为什么他会被录用？答案是韩定国的太太随口的回答——“我们家的厕所一向都是由他洗的”。这句话透露出的本质原因是什么呢？就是因为他们家的厕所是由韩定国洗的吗？答案是否定的。

大家发蒙了吧，这个案例不就是告诉我们一个道理——麦当劳公司选择的高级干部要从底层做起吗？

表面上是这样。但是这位总裁录取韩定国的真正原因，不是他愿意洗厕所，而是韩太太说的那句话中含有的两个字——一向。

这两个字太精妙了，说明韩定国不光洗厕所，而且还一直洗，毫无怨言。而且韩太太随口说的这一句话，说明了他们夫妻俩的感情非常好，这也能说明韩定国的情商非常高。所以总裁听后立刻录取了他。

上述案例给我的启发是：业绩好坏不是职场的核心，虽然企业需要业绩好的员工，但是能够默默坚守的员工，才是企业最需要的。

所以，亲爱的学员们，你们扪心自问，你们是否愿意一直坚守？是否愿意在企业需要的时候，去环境不好、压力大的部门去工作？

这份愿意是当下难能可贵的宝藏——电视剧《射雕英雄传》里的郭靖一直保护襄阳城，电视剧《士兵突击》里的许三多一直修路，电影《阿甘正传》里的阿甘默默地坚守着做一件事，我们知道的创业者无不选择在自己的公司一干就是一辈子。

培训故事

培训故事的定义

故事是通过叙述的方式讲述一个有寓意的事件。

我结合故事的定义，为培训故事下一个简单易懂的定义：培训故事，就是一个非职场或非人物带有寓意的事件，并能与你所要讲的主题、课程名称和大纲相结合的内容。

培训故事的讲法

为了让你们更容易理解非职场故事和非人物故事这两种不同属性，我先给你们讲四个故事。

非职场故事：滴血实验

狱警把一名死囚关在一个屋子里，蒙上死囚的眼睛，对死囚说："我们准备换一种方式让你死，我们将把你的血管割开，让你的血滴尽而死。"

狱警打开一个水龙头，让死囚听到滴水声。狱警说："这就是你滴血的声音。"

第二天早上狱警打开牢门，发现死囚死了。死囚的脸色惨白，仿佛他的血已经滴尽。其实他的血一滴也没有滴出来，他是被吓死的。

非职场故事：移山大法

有一位大师，一直潜心苦练，终于练就了"移山大法"。信徒们虔诚地请教："大师用何神力，才得以移山？我们如何才能练出如此神功？"大师笑道："练此神功其实很简单。"随后大师带着信徒，一边喊

“山过来”，一边向前走一小步，然后再喊“山过来”，一边向前走，这样持续了半个小时，突然信徒们伸手就可以够得着大山了。信徒们在不知不觉中够得着大山，都特别兴奋。大师微微一笑：“世上本无什么移山之术，唯一能移动山的方法就是‘山不过来，我就过去’。”

非人物故事：猴王吃瓜

猴王找到了一个大西瓜，可是它可从来没有吃过西瓜啊。忽然，它想出了一条妙计——把所有的猴子都招集来。

它清了清嗓子：“今天，我找到了一个大西瓜。至于这西瓜的吃法嘛，我当然……当然是知道的。不过，我要考验一下大伙的智慧，看看谁能说出这个西瓜的吃法。如果说对了，我可以多赏它一块。如果说错了，我可要惩罚它！”

大伙你看看我，我看看你，它们谁也没有吃过西瓜。

小毛猴眨巴眨巴眼睛，挠了挠腮说：“我知道，吃西瓜是吃瓤！”

“不对！小毛猴说得不对！”秃尾巴猴跳了起来，“我小时候吃过甜瓜，吃甜瓜就是吃皮。我想，这甜瓜是瓜，西瓜也是瓜，吃西瓜嘛，当然也是吃皮。”

这时候，大伙争执起来，有的说“吃西瓜皮”，有的说“吃西瓜瓤”。可争了半天，也没争出个结果，于是大伙把目光集中到一只老猴的身上……

这只老猴认为出头露面的机会来了，它捋了捋胡子，清了清嗓子说：“这吃西瓜嘛，当然是吃皮。我从小就爱吃西瓜，而且一直都是吃皮的。我想，我之所以老而不死，就是因为吃了这西瓜皮……”

大伙都欢呼起来：“对！吃西瓜皮！吃西瓜皮！”

猴王认为找到了正确答案，它站起身来，上前一步，说道：“对！

大伙说得对！吃西瓜是吃皮。哼！就小毛猴一个说吃西瓜瓤，那就让它一个人吃吧！咱们都吃西瓜皮！”

西瓜被一分两半，小毛猴吃瓤，大伙共享西瓜皮……

有只猴吃了两口，捅了捅旁边的：“哎，我说这可不是滋味啊！”

“咳，老弟，我常吃西瓜，西瓜嘛，就是这味……”

非人物故事：龟兔赛跑

有一天，兔子和乌龟比赛跑步。兔子嘲笑乌龟爬得慢。乌龟说：“总有一天我会赢的。”兔子说：“那我们现在就开始比赛。”兔子飞快地跑着，乌龟拼命地爬着。没过多久，兔子就把乌龟甩得老远。兔子认为比赛太轻松了，它想要先睡一会，并且自以为是地说即使自己睡醒了乌龟也不一定能追上它。而乌龟呢，它一刻不停地爬行，当兔子醒来的时候，乌龟已经到达终点了。

怎么样，各位学员，你们现在知道什么样的故事是非职场故事，什么样的故事是非人物故事了吧。

这 4 个故事你们之前有看过吗？可能你们最熟悉的就是最后一个——《龟兔赛跑》。

下面我会针对这四个故事，为你们详细讲述培训故事的讲法。

第一，画面感。《滴血实验》这个故事，如果由一位优秀培训师来讲，那么我相信在故事讲完后，学员一定会感到恐怖。我之前在“五步成师”课程现场亲自为学员讲过这个故事，学员顿时毛骨悚然。同样一个故事，优秀培训师和普通培训师运用的讲故事的技巧会有很大的区别，普通培训师在讲这个故事时，就达不到让人恐怖的效果。这种区别的本质原因是优秀培训师懂得如何在讲故事时呈现故事的画面感，让人有一种身临其境的感觉。

第二，节奏感。讲好《移山大法》这个故事，要注意把控讲话的速度。我在培训课上讲了很多故事，总结出一个讲故事的节奏感原则——七分慢，三分快。你会发现，大多数政府领导、企业高管和培训师，为了让对方听得更清楚，他们的讲话速度都比较慢。语速在总体上要慢，偶尔有些激情就可以了，因为只有速度慢下来，对方才更容易听进去。而我特意挑选的《移山大法》故事，能够检验培训师讲课的节奏感。当你讲这个故事的时候，学员越听越爱听，你就过了节奏感这一关了。

第三，对话感。在《猴王吃瓜》这个故事中有几个角色，它们有不同内容的对话，所以作为培训师的你在给学员讲这个故事的时候，是否会饰演多个角色，用不同的声音来区别对话呢？一位培训师用自己的声音讲故事中不同角色的对话，会让学员犯困，而模仿不同角色的声音，那就有意思了，学员便更愿意听了。

在假扮猴王的时候，你要去揣摩猴王的心理，采用符合它心理的语气，你还要去揣摩小毛猴、老猴等不同角色的说话状态，最后让《猴王吃瓜》这个故事对话感十足。

第四，新鲜感。《龟兔赛跑》这个故事，很多学员从小就听过。有些培训师也在课程中使用这个故事，并打造了自己的品牌课程。

对于经典故事，我们有两种操作方法：第一种是要大声地、有激情地讲故事；第二种就是改编，让故事充满新鲜感，让学员既熟悉又好奇。下面我给大家讲一个故事，叫《2018 版龟兔赛跑》。

话说啊，乌龟和兔子见面了，它们决定要在 2018 年进行一次赛跑。一声枪响，兔子很快地就跑没影了，而乌龟依然慢慢地爬。兔子跑得很快，当跑到一棵大树下时，它拿起了手机，发了一条朋友圈……

培训故事解析

为了帮助各位学员更好地理解培训故事的讲法，我们采用实战训练的方法：给出题目，你先自己训练；当你给出自己的答案后，再对照我的答案找出你的优点和不足。

第一题：乞丐的故事

从前有一个乞丐，每天出门乞讨。他很想过正常人的生活，于是他把乞讨来的粮食积攒起来，可是积攒了好多年，粮仓里的粮食却不见长。

一天夜里，他发现一只大老鼠在偷吃他的粮食。他很气愤，大喊道："富人家那么多粮食你不去吃，为什么偏偏偷吃我辛辛苦苦攒下的粮食？"

没想到老鼠居然说话了："你命里只有八分米，走遍天下不满升。"

乞丐问老鼠："这是为什么？"

老鼠对他说："我也不知道，你去问佛祖好了。"

于是，乞丐决心要去西天问问佛祖，究竟是什么原因让他有如此命运？

第二天他就出发了。他一路乞讨，在天黑时来到一户人家。他敲门，门内出来一个管家。管家问乞丐有什么事，乞丐说想讨点饭吃。正好员外也出来了，就问乞丐："为什么这么晚了还在赶路？"

乞丐就说了他的命运，他要向佛祖问一个明白。员外听了赶紧把他请到屋里，拿了好多干粮和银子给他。乞丐不解。

员外说："我家女儿都16岁了还不会说话，你能否帮忙问问佛祖是什么原因？"乞丐觉得反正都是去西天，就顺便帮员外问一下佛祖，于是答应了。

又走了许多山路，乞丐看见一个庙，就进去讨水喝。庙里只有一个拄着锡杖的老和尚。老和尚给了他水喝，问他要到哪里去。

乞丐说明去向，老和尚赶紧拉住他说："拜托你一定帮我问问佛祖，我都修行了500多年了，按说早该成仙了，为什么到现在还没成正果？"乞丐答应了这个老和尚。

乞丐又走过了许多沟沟坎坎。乞丐来到一条大江边，江边没有一条船。乞丐急了，这可怎么办？他哭了起来："难道我的命就该这么苦吗？"

突然，一只老龟浮出江面。老龟问乞丐在这里哭什么？乞丐把事情经过说了一遍。老龟说："我都修行了1 000多年了，按说早该变成龙飞走了，为什么还是一个乌龟？如果你去了西天能够帮我问问佛祖，我就把你驮到对面。"乞丐高兴地答应了。

又不知走了多少天，乞丐还没见到佛祖。乞丐很纳闷：按说早该到了西天啊，佛祖到底在哪里？因为太累，乞丐迷迷糊糊地睡着了。

梦里，佛祖出现了，佛祖问他："你这么大老远来到这里，一定是有什么很重要的事吧？"

乞丐说："是的，佛祖，我有几个问题想问您。"

佛祖说："好啊，不过有个条件，你最多只能问三个问题。"

乞丐答应了，心里想：我问哪三个问题呢？老龟修行了1 000多年很不容易，它的问题应该先问。于是他问："佛祖，老龟修行了1 000多年为什么还没变成龙呢？"佛祖告诉他："老龟是因为舍不得它那背上的龟壳。"

乞丐心里琢磨：老和尚修行了500多年，不容易，他的问题也应该问。于是他问："佛祖，老和尚修行了500多年为什么还没成仙呢？"

佛祖告诉他："老和尚整天心里记挂着他的锡杖。"

乞丐想：员外的女儿很可怜啊，不能说话怎么嫁出去呢？他的问题也应该问。于是乞丐问了第三个问题："佛祖，员外的女儿为什么不能说话呢？"

佛祖告诉他："如果哑巴女孩见到她的心上人来了，就会说话了。"

突然，佛祖不见了。乞丐回过神来，哎呀！自己的问题还没问呢！想想算了，还是乞讨过日子吧，于是往回赶路。

乞丐来到江边见到老龟，老龟着急地问他。乞丐说："你先把我渡过江去，我再告诉你。"老龟便把乞丐渡过了江。乞丐问老龟："是不是舍不得背上的龟壳？"

老龟幡然醒悟，把龟壳脱了下来送给乞丐，说："这里面有24颗夜明珠，是无价之宝，对我已经没有用处了，我把它送给你，谢谢你帮助我。"不久老龟就变成龙飞走了。

乞丐拿着24颗夜明珠又往回赶路。来到山上见了老和尚，老和尚急着问乞丐。乞丐说："你是不是舍不得手里的锡杖？"老和尚一听茅塞顿开，把宝贝锡杖送给了乞丐，马上就能腾云驾雾了。

乞丐来到员外家门口，突然一个姑娘大声喊道："问佛祖话的人回来了。"员外又惊又喜，女儿竟然会说话了。员外后来把女儿嫁给了乞丐。

五步成师小训练

此时此刻，请你思考10分钟，然后在笔记区中记录你思考的内容——你能从《乞丐的故事》中悟出多少道理呢？

____

____

____

____

____

____

你的答案是什么呢？你悟出多少道理呢？

我们可以对《乞丐的故事》进行多方面解析，而解析的重点完全取决于我们课程的主题。

我先从整体上给大家说说这个故事中都有哪些关键点。

（1）贵人的出现，改变命运。故事中的那个大老鼠是乞丐的“贵人”，没有大老鼠的出现，没有大老鼠说的话，根本不会有乞丐的后来。什么是贵人，贵人是在关键时候出现的改变人生命运的那个人。

（2）打击我，有助于我成长。大老鼠说的话是对乞丐的一种否定，意思是乞丐奋斗一辈子，米仓也满不了。这对乞丐来说是一种打击。乞丐在这种打击下，尝试找佛祖问问，这才有了后来的故事。

（3）乐于分享，才有机会。在故事中，乞丐遇见的员外、老和尚、乌龟，都是陌生面孔，乞丐能向他们说出自己的去向，这是一种分享，也是一种信任。乞丐也因此得到了他们的信任。

（4）心怀天下，方可成功。在故事中，乞丐见到佛祖，没有问自己的问题，而是兑现承诺，帮助别人发问，这样心怀他人的人品，老天爷怎么会亏待他呢？

（5）舍得舍得，有舍才有得。在故事中，佛祖说的话，道出了人性的本质。员外、老和尚、乌龟，只要舍得，就自然能成功。

（6）人脉就是钱脉，帮人就是挣钱。在故事中，乞丐与员外、老和尚、乌龟的关系从陌生变成了家人、朋友，乞丐在帮助他们的同时，获得了财富和爱情，证明了人脉的宝贵。

（7）人生有序，不可随遇而安。这是故事的关键点，也是最难看出来的一点。故事隐约透露出人生发展的顺序，貌似是随遇而安（走一步，算一步），其实每一步都是一种规划。在一生中，我们先遇见谁，再遇见谁，都是有一定顺序的，我们要踏踏实实走好每一步，用心对待我们遇见的每一个人。注意：这一点和第一点“贵人的出现，改变命运”有所区别，请各位学员细细品味。

我将这个故事犹如庖丁解牛般细细道来，是希望告诉你们，培训师在进行培训故事解析时，不是仅解析一条要点，而是把这个故事的方方面面分析透彻，这样才能体现培训师的水平。如果你只解析一条要点，而大多数学员也能理解这一点，你会不会觉得尴尬？如果你和我一样，能从一个普通的故事中总结出七条要点，那学员就会被你征服。

其实每个点都可以讲很多内容，我就不一一举例了，我希望你们能从我的总结中发现那些你未曾发现的关键点。

第二题：韩信的故事

西汉初年的某一天，韩信正在一棵树下休息，却被藏在树上的小孩尿了一身。韩信并没有责怪小孩，而是给了他一些碎银子，便转身走了。小孩以为往别人身上撒尿会得到银子，于是又尿了一位将军，这位将军愤怒地一刀杀了小孩。

五步成师小训练

此时此刻，请你思考 10 分钟，然后在笔记区中记录你思考的内容——《韩信的故事》蕴含了哪些知识点？

___

___

___

___

___

___

___

你的答案写完了吗，一共写了多少个知识点呢？

培训师讲求精细，在解析培训故事时就要把故事拆解成每个字、每个词，深挖所有的知识点。

现在我来指导大家，如何找出所有的知识点。

一方面是找关于人的知识点，另一方面是找关于物的知识点。

韩信

- 韩信没有怪小孩，引出表面知识点：事情已发生，不要迁怒对方，体现出好人品和高情商。
- 韩信给了小孩一些碎银子，引出表面知识点：乐于助人，尤其帮助那些伤害过自己的人，体现了以德报怨。
- 韩信转身走了，引出表面知识点：主动退出是非之地，既然被尿了，赶快找地方洗洗，不跟这个孩子一般见识。

树

- 韩信来树下休息的时候，没有发现树上藏着一个小孩，引出隐藏知识点：时刻警惕周围的环境，先仔仔细细检查，再安心休息，以杜绝风险。
- 如果韩信发现树上有小孩，可以先问问小孩，自己是否可以在树下休息一会，引出隐藏知识点：做事情，需要征询对方的同意。
- 如果韩信发现小孩在树上睡觉，那他可以换到另一棵大树下休息，引出隐藏知识点：礼仪谦让，不打扰对方。

小孩

- 小孩尿了韩信一身，引出表面知识点：孩子不懂事。
- 小孩尿了韩信一身，引出隐藏知识点：未经他人允许，不得在他人领地逗留。
- 如果小孩刚睡醒，根本没有看到树下有人，就是很自然地撒尿，无意中尿到了正在树下休息的韩信身上，引出隐藏知识点：不知者无罪。

碎银子

- 韩信给了小孩一些碎银子，引出隐藏知识点：做错事就要补偿——韩信误闯别人的领地，故付款赔偿。
- 韩信给了小孩一些碎银子，小孩以为向别人身上撒尿会得到银子，引出隐藏知识点：攻击别人，驱赶别人离开我的领地，原来是可以得到补偿金的啊，下次再有人来，我还尿他。

将军

- 将军被尿了一身，一怒之下杀了孩子，引出表面知识点：错误的行为会招来杀身之祸。
- 将军被尿了一身，一怒之下杀了孩子，引出隐藏知识点：身为将军，就算生气也不能杀人，不能知法犯法，草菅人命。
- 将军被尿了一身，一怒之下杀了孩子，引出隐藏知识点：身为将军，有人力资源管理的职能，可以把这个孩子带回军营严加管教，没准他会是个好兵，甚至会成为一个好将军。

整体动态联想

- 韩信把孩子带到刘邦身边。经过细心调教，这个孩子成为韩信的左右手。毕竟韩信这样的人物，应该具有化敌为友的本领。
- 如果将军是项羽那边的，他把孩子带回军营，那么孩子就可能在将军的培养下，成为第二个项羽，那么中国历史将要改写。
- 不管是韩信还是将军得到这个孩子，这个孩子的未来都是未知数，因为孩子需要培训，需要正确的引导。
- 换位思考，如果你是韩信，你会怎么做？如果你是小孩，你会怎么做？如果你是将军，你会怎么做？为什么会这么做？

请将你的答案和我的解析对比一下。我的用意很明确，就是让培训师提升细节的解析能力。只有具备这种解析能力的培训师才能从众多培训师中脱颖而出。

培训故事积累

如果你想讲好培训故事，那么你需要先有故事，从众多故事中挑选。

当你知道培训故事的定义、讲法和解析后，你就可以去搜索各种故事，然后把与你主题相关的培训故事应用到培训课程中。

在此，我重点说一说如何积累成语故事。

第一，知道意思。当你找到成语故事的文字版和视频版后，先看几遍，了解每个成语故事的意思（可能你小时候也学习过，此时你只当再复习复习）。你还可以将成语故事的文字版和视频版存到手机中，反复观看，以增强记忆力。

第二，主题关联。当你熟知成语故事的意思后，就可以结合自己所讲的主题挑选相关成语，并将它们保存下来，方便你在开发课程的时候使用。我在“五步成师”每次开课时，都会使用“庖丁解牛”这个成语（我挑来挑去，唯有“庖丁解牛”这个成语最适合“五步成师”这门课程）。而你的课程最适合用哪一些成语呢？这就需要你精心地挑选了。

第三，经常复习。企业内训师会根据公司的需求开发课程，职业培训师会根据客户的需求来开发课程。和他们一样，当你肩负开发课程的重任时，你就需要用到很多成语故事。所以，你要随时复习你搜集到的成语故事；对于一些新找到的成语故事，你更要多看多听。

培训游戏

培训游戏的作用

各位学员，下面我来讲讲培训游戏。现在很多培训师在上课的时候都会使用培训游戏。这是为什么呢？从教学效果上来说，在培训现场做游戏的方式比培训师干讲的方式更容易让学员理解和吸收。从教学氛围上来说，学员参与培训游戏，师生互动，氛围更活跃。从培训师角度来说，他们不用说那么多话，有利于保护嗓子。另外，这种教学方式新颖，有利于提高学生的学习热情。

培训游戏这种教学方式，在最近几年成了培训的新趋势。当然，培训游戏不会替代培训，它只是培训过程中的一个环节。

市场上有很多培训游戏的书籍或资料，你能很容易买到或者搜到，所以我就不分享具体的游戏内容了。因为很多新手培训师对于培训游戏的开始、过程和结尾的流程和技巧不太懂，所以我侧重介绍这些方面。

培训游戏开始

介绍目的

为什么要做游戏，为什么要选择这个游戏？这是因为在培训现场做游戏可以实现培训师的教学目的。这个目的必须是明确的——培训师本人要明确做游戏的目的，在培训现场的所有学员也要明确做游戏的目的。

介绍规则

在游戏的目的介绍完之后，培训师要介绍游戏的名字，然后详细地讲解游戏规则。通俗易懂的游戏由培训师讲解即可，稍微复杂一些的，需要两位学员上台做示范，其他学员看一遍即可。如是更复杂的游戏，或者培训师希望全员互动，实现更好的教学效果和氛围，那么在前面的学员上台做示范之后，再安排所有学员操作一遍，从而让所有学员明白游戏规则。

介绍时间

做游戏的时间尤为重要。如果做游戏的时间不可控，那么就会影响后面的教学内容（因为游戏时间超时，培训师就无法完成课程内容）。所以培训师要在做游戏之前就规定好游戏时间。

介绍奖惩

在介绍完游戏目的、规则和规定时间之后，还要公布具体的奖惩措施。有了奖惩措施，才能提高学员参与游戏的积极性。学员为了得到奖励就会努力参与，学员为了逃避惩罚也将全力以赴，那这个奖惩就很有价值了。

最后我用一段话来让大家体会一下如何介绍培训游戏。

各位学员，接下来我们做一个游戏，目的是锻炼大家的团队协作能力。游戏的名字叫 ××，游戏的规则是 ××××。此次游戏时间为 10 分钟，前 8 分钟各组演练，最后 2 分钟各组考试。在考试中胜出的小组，每人将获得李新海老师亲笔签名的《五步成师——优秀培训师轻松炼成法则》一本。失败的小组，将要从以下三种惩罚中选择其一：在学员群里发百元红包，表演个节目，男生做 100 个俯卧撑。

培训游戏过程

时间提醒

在培训游戏正常开始时，时间就会流逝。如果有助教，他可以提醒各个小组；如果没有助教，那还得由培训师本人来提醒。如上文我所说的 10 分钟的游戏，前 8 分钟演练，最后 2 分钟考试，那提醒者就要在 5 分钟时提醒一次，在 7 分钟的时候提醒一次，在 7 分 50 秒的时候进入倒计时。为什么要这样做呢？在 5 分钟的时候，提醒学员时间已经过半，请合理分配剩余时间。在 7 分钟的时候，告诉学员游戏马上就要结束了，请做最后的调整。而在 7 分 50 秒的时候，进入 10 秒钟倒计时，是故意营造一种紧张的氛围，树立培训师的权威。

充当坏人

培训师制定了游戏规则并公布于众，学员按照游戏规则去操作，那这种操作模式就一成不变了吗？不会的。一方面学员必须坚守游戏规则，不可以违规，一旦违规，培训师就要狠狠地给小组减分，充当坏人；另一方面，培训师可以修改游戏规则，为游戏增加难度，也扮演了坏人的角色。而培训师充当坏人，对于利用培训游戏的教学，将起到更好的促进作用。学员会更加配合，他们会更加认真地完成游戏，并争取拿到更好的成绩。

观察学员

在游戏的过程中，培训师要留心观察学员——观察他们做游戏的全过程，有问题要解答，有犯规要指出；更要去揣摩学员的心理变化，一旦发现他们有抵触行为，查找原因，即时纠正。

控制跑偏

在游戏的过程中，有时会出现特殊情况：一是学员之间发生争执，二是学员不理解游戏规则，三是学员不配合。解决这三种问题只需做到一件事即可，那就是培训师要在每组之间穿梭。还以 10 分钟的游戏为例，培训师平均每 30 秒就要去一个组，勤与各个组沟通，了解每组的游戏进展情况，确保组员之间沟通顺畅，确保他们对游戏的充分理解。

培训游戏结束

总结反思

在培训游戏按照规则完成之后，培训师可以先让学员休息一会，让学员回忆一下刚才的游戏——收获了什么，有哪些触动；再给学员 3~5 分钟的时间，记录下从游戏中获得的收获。

分享收获

在学员记录结束时，培训师可以让学员到讲台上分享他们的收获。这里有个原则，尽量让学员主动分享。那如何让学员主动上台呢？这就需要培训师发表大约 3 分钟的感召发言，讲讲刚才培训游戏的过程，讲讲学员们的表现，讲讲自己的心得体会。在培训师讲完这段话后，估计就会有人主动登台分享了。如果还是没有人，那培训师就指定一位学员，让他上台分享，以此带动一批人做分享交流。

结合实际

如果学员将游戏结合企业的实际情况发表感言的话，那么效果会更好。如果没有学员这么说，那么培训师可以结合实际情况谈一谈体会，也可以引导学员结合实际情况发表感言，从而帮助学员学到实用的内容。

导师总结

当游戏结束了，总结做完了，培训师还需要总结各个小组在游戏中的表现情况，另外，该奖励的奖励，该惩罚的惩罚。

培训互动

互动开场

最近抖音里有一个小段很火：水不动就是废水，人不动就是废人，钱不动就是废纸；而人生要有“六动”——关系靠走动，团队靠活动，女友靠感动，资金靠流动，生命靠运动，成功靠行动。

你们觉得这个小段适合做培训开场的互动吗？我个人觉得非常好，所以在平时还积累了不少这样的段子，把它们应用在不同的课程里。

互动组队

企业内训师和职业培训师在做培训的时候，都需要组建团队。我总结了自己和其他培训师近十年上百场的团队组建经验，以供大家分享。

这里给大家介绍一个模板，这个模板包括以下 9 组标准内容。只要以后有组建团队的环节，你都可以参考这 9 组内容。

几人一组

一般分组的人数为 5~10 人，如果超过 10 人就不利于管理，更不利于小组的交流和学习。

有的培训提前安排好了每组的人数，等上课的学员坐好，就可以直接进入自我介绍的环节了。有的培训并没有提前安排每组的人数，这就需要现场培训师来安排：有的现场调整桌椅，有的按场地的横向、纵向或方块片区分组。

自我介绍

如果学员人数不多（不超过 20 人），那么每个人都可以到讲台前面做自我介绍。而如果学员较多，那么学员就要在组内做自我介绍了。自我介绍的总时长一般为 10~15 分钟，每位学员的介绍时间一般不超过 1 分钟。

目前培训行业中学员的自我介绍有两种方式：一种是规定每位学员的介绍时间（比如 1 分钟），不可超时，到时间就换下一位；另一种是规定了自我介绍的模板，如我是谁、来自哪里、要去哪里。

选出正副组长

当每个组员自我介绍结束后，培训师就可安排各组选正副组长了。正副组长的选举，可以采用组内自荐和推荐的形式。在培训现场，自荐的组长往往比被推荐的组长表现得更加积极。

如果自荐的组长不止一个，那么培训师就可以鼓励他们上台比拼，比如猜拳、发表竞选演讲。

还有一种自荐方式，那就是培训师在培训现场问所有的学员谁想当组长，只要有人踊跃报名，他就能成为组长（如果踊跃报名的人数过多，那么仍需要采用比拼的方式做出选择）。接下来，这些组长有权在所有的学员中招募他们的组员。这个方法特别好用，我就经常把它用在我的课程中。

如果没有人自荐，那就要使用推荐的方式。组内成员根据自我介绍的表现，自行推荐合适的学员担任组长。在有的培训现场，培训师会问一个小组的各位学员，你们自我介绍结束了吗？如果结束了，那么你们一致推荐谁当组长？多数人指向的那个人便当选为组长。

不管是自荐还是推荐，在选出组长之后，每个小组还要选一个副组长。这个副组长由组长任命。让组长在刚刚上任就可以行使权力，这样他会更加积极地配合培训师后续的培训工作。

确定团队名称

在正副组长确定后，组长带领全体组员为团队起一个名字。

确定团队口号

在起完队名之后，组长和全体组员要确定一个团队口号。

确定团队之歌

在团队口号确定之后，组长和全体组员要确定团队之歌。

画出队旗图像

在团队之歌确定之后，各组要画队旗（培训组织者需要为学员提前准备好水彩笔和纸）。

全队现场展示

在上述工作完成之后，每个小组都要登台展示。为了展示的整齐划一，每组都要提前训练几次，模拟几次，如果不训练，不模拟，最后的现场展示效果不会太好。

规定展示时间

小组上台展示的时间，上限为 5 分钟。通常，企业培训都采用分组培训的形式，如果学员人数是 30 人，那就分 5 组，每组 6 人，共计 25 分钟的展示时间。如果学员人数是 50 人，那也分 5 组，每组 10 人，共计也是 25 分钟的展示时间。

优秀的培训师要熟练地掌握上述 9 组标准内容，也要结合实际情况进行适当的调整。

互动承诺

承诺的作用

近几年，培训承诺很受欢迎，企业内训师和职业培训师广泛地采用了这种培训方法。为什么培训承诺会火起来？因为承诺有它独特的作用。在现代的婚礼中，男女双方都要做出信守婚姻、信守爱情的承诺。这种承诺受到婚礼现场亲朋好友的见证，在某种程度上能够增进夫妻感情，促进家庭幸福。培训承诺也一样，在培训现场，培训师和每一位学员都要做出公开的承诺，以保证在培训的过程中，甚至在培训结束之后的 1 年时间内都能够履行自己的承诺（承诺的内容包括：自己要做到什么，做到了会如何，没有做到会如何，承诺的时间期限，等等）。

承诺的形式

培训现场应用比较多的承诺有两种，一种是写出来的，一种是说出来的。写出来的承诺是培训师和学员在现场签署的承诺书；说出来的承诺是由录像机录下来的培训师和学员的承诺视频。

这两种形式的承诺可以放在培训师和学员的桌上，也可以放在公司会议室的大屏幕上，时刻提醒承诺人不要违背自己的诺言。

承诺的应用

培训承诺的应用，分为培训开始时的应用和培训结束时的应用。

在培训开始时，培训师和学员要做培训承诺，这样能够起到相互监督、活跃气氛的作用。培训师要承诺遵守师德，倾囊相授；学员要承诺遵守纪律，努力学习，全程参与。

在培训快结束时，培训师和学员要做培训承诺，培训师要承诺与学员保持联系，学员遇到问题可以随时向他咨询；学员要承诺在回家后做整理，要利用自己的培训所得来提升自己的业绩。

互动误区

开场问学员问题

以下是一个经典的案例。

一名销售讲师受邀去给家装公司的业务员讲课。在主持人的一番隆重介绍后，讲师登台。

讲师："我想问大家一个问题，你们知道什么是销售吗？这位同学，请你回答一下？"讲师指了指台下第一排的一个男孩。

那个男孩嘴角微微一笑，回答了老师的问题："老师，我不知道什么叫销售，不过我是这个公司的销售冠军。"

讲师异常尴尬。

开场问学员问题是很多讲师容易走进的误区。

首先我们要清楚互动的步骤，或者说，什么时候互动效果最佳。讲师一定要先讲授一段内容（要么非常专业，要么风趣幽默），征服学员；然后进行互动，问学员问题、让学员做训练等。

其次，我们不能照猫画虎。很多新培训师在看了知名讲师的培训视频之后，也采用同样的方式——上台就问学员问题。

这里，我们要清楚知名讲师这么操作的意义何在。

第一，他们问问题，是他们已经成名了，而且这样的问答很有可能已经是这个讲师培训的互动文化了，只要他上台，一定会这么互动。

第二，他们不是光问一个问题，而是问三个问题，即所谓的“开场三问”。这是一个非常好用的开场技巧，但是对于“开场三问”，大多数的培训师都自问自答，而不是等着学员回答。

另外，我要告诉你们，培训师问学员问题，要以引导性的问题为主，而尽量少问定义性的问题。什么是销售、什么是执行力、什么是管理，这些都属于定义性的问题；而像“你觉得你按照老师教你的技巧服务客户，能和客户签合同吗？”这样的问题则属于引导性的问题。

让学员阅读

在培训互动的时候，培训师让学员阅读一些课件的内容，这样做也是有讲究的。

第一，让学员阅读问题。这种做法是不可取的。如果培训师单独找一名学员来阅读问题，很容易给人一种浪费时间的感觉。所以如果培训师要抛出一个问题，就直接自己问。

第二，让学员阅读观点。课件上面的观点、技巧，大多数是培训师总结的非常有用的内容，所以阅读观点的互动应该是全体学员一起朗读，这样既有气势，又能形成一种独特的培训文化。

第三，让学员阅读案例。案例是系统的，是结合课程的主题凸显培训师想要表达的内容的，所以应该由讲师本人来进行案例的介绍，而不是由学员来阅读。

让多名学员上台互动

在培训互动的时候，培训师有时需要学员上台与其互动，这很正常，但是上台学员的人数不宜多，往往一名就够了。因为当两个人在舞台上沟通时，培训师可以很好地控制场面，如果上台互动的学员较多，就容易出现五花八门的情况，那么培训师就不能有效控制局面了。

互动问答

一堂没有互动的培训课程，是枯燥无味的。如果培训师问学员一个问题，学员快速且正确地并给出答案，这就是一种培训互动。我在前面的互动误区内容中，也提到了一些问答的技巧。下面我用一个真实的授课场景，告诉你们该如何更好地使用培训问答。

英国一家著名报社曾经举办过一次设有高额奖金的有奖征答活动。活动的题目是：在一个充气不足的热气球上，载着三位科学家。

第一位科学家是环保专家，他的研究可拯救无数人，可使人们免于因环境污染而导致死亡的厄运。

第二位科学家是核专家，他有能力防止全球性的核战争，可使地球免于遭受灭亡的绝境。

第三位科学家是粮食专家，他能运用专业知识在不毛之地成功地种植粮食作物，可使几千万人脱离饥荒的命运。

此刻，热气球即将坠毁，必须丢出一个人以减轻重量，这样其余两人才能存活。

请问，该丢出哪一位科学家？

很多热心的读者把自己的答案寄给报社，他们的答案大多集中在哪一位科学家更重要方面，有人说环保专家重要，有人说核专家重要，有人说粮食专家重要。

你说应该扔掉哪位科学家？

五步成师小训练

此时此刻，请你思考 10 分钟，然后在笔记区中记录你思考的内容——你会扔掉哪一位科学家，为什么？

____

____

____

____

____

____

____

____

你的答案是什么？环保专家、核专家还是粮食专家？

估计三种答案都会有人提到。至于为什么，可能有人能写出好几百字，列举多个理由。

我之前在一家企业做内训的时候用过这个互动问答，现场学员给出了不同的答案。最后我说，没有一位学员回答正确。

学员都蒙了，因为一共就三位科学家，为什么都不对呢？

下面我来公布答案：我们要扔掉体重最重的那个人，因为故事中有这么一句话——必须丢出一个人以减轻重量，这样其余的两个人才能存活。

也就是说，回答错误的学员在看问题的时候，没有抓住细节，忽略了重要的内容。请问各位，你们现在体会到培训问答的好处了吗？

你可能有个疑问：万一有的学员见过这个问题，更知道答案，该怎么办呢？没事，你可以说这么一句话：台下的学员如果有人看过这个问题，知道答案，请不要举手回答，优先让第一次看见这个问题、不知道答案的学员参与训练。

培训幽默

各位学员，你们喜欢幽默的培训师吗？

培训师是否幽默，由谁说了算？学员。我在讲“五步成师”课程时，并不觉得自己幽默，但是参加培训的学员都说我很幽默。

关于幽默，我曾经思考过这样的一个问题：它是与生俱来的还是后天培养出来的呢？我认为幽默不是天生的，它是可以后天培养的。通过看喜剧节目，你可以让自己变得更幽默。

比如你可以从《欢乐喜剧人》《笑傲江湖》《喜剧总动员》《笑声传奇》《跨界喜剧王》这五档我个人比较爱看的喜剧节目中找到幽默的语句。如果你发现某个句子能跟你的培训课程相结合，你就可以在培训的时候自然地表现出来，彰显你的幽默。

在《欢乐喜剧人》中有一位喜剧明星，他口头禅是“好尴尬啊”。你在讲销售课程时就有可能用上这个语句了。

各位学员，当你们第一次去陌生人家中推销产品时，你们的第一句话大概都是：“您好，这是我们的产品，您看需要吗？”估计别人都会把你轰出去。此时此刻的你，估计只有一种感觉，那就是“好尴尬啊”。

当你讲到“好尴尬啊”的时候，再把两只手自然地打开，模仿喜剧明星在《欢乐戏剧人》中的动作，那么台下的学员会有什么感觉呢？会不会感觉你幽默呢？会不会喜欢你这个幽默的培训师呢？会不会喜欢你的培训课程呢？我想答案是肯定的

培训图片

讲培训的图片

很多培训师不讲图片，他们把图片仅仅当成配图。而我认为在培训课程中，每个图片都是有知识点、有寓意的，而且不同的图片要运用不同的讲法。

讲看见的内容

各位学员，请看这张近期在微信朋友圈转发较多的图片（见图 4），这张图片凸显了合作共赢的理念。如果你是培训师，你来讲这张图，你会如何讲呢？

图 4　合作共赢

资料来源：https://www.51wendang.com/doc/914f8592a102e4801a93bc3d/10。

五步成师小训练

此时此刻，请你思考10分钟，然后在笔记区中记录你思考的内容——如果让你来讲图4，你会怎么讲呢？

你可能会说，这是一张大图，里面有六张小图，第一个图片说的是什么，第二个图片说的是什么，直到第六张说的是什么，依次讲完。

这种讲法很正常，我把它称为分图讲法。

那只有这一种讲法吗？当然不是，还有更好的一种讲法，叫总分总讲法。就是说，在六张图中，你先概括第一张和第六张图片（总），然后分别讲解第二、三、四、五张图片（分），最终做总结（总）。

我曾经和学员分别用分图讲法和总分总讲法讲述图4，学员们都认为总分总的讲法要比分图讲法更生动。

我再用另外一幅类似的图片（见图5）给你们详细讲解一下。

图 5　一生相伴

资料来源：http://www.sohu.com/a/169215009_669596。

我假设在给某濒临倒闭的互联网创业企业的全体员工主讲“假如还

有明天”这门课程。

各位，今天我们的课程没有开场音乐，没有激情互动，没有主持人，因为我理解你们的心情。

这样，我们先不培训，我们先看一组图片。它是由六幅小图组成的，第一幅说的是青梅竹马的两个小孩子，最后一幅说的是他们都离开了人世。中间，他们经历了恋爱、结婚、老年、丧偶。

这里，我想问大家一个问题：是相濡以沫、白头偕老好，还是朝三暮四、始乱终弃好？答案一定是相濡以沫、白头偕老好。

那如果你的另一半生病了、没有钱了，你是依然陪伴他（她）左右还是另觅新欢呢？答案一定是依然陪伴他（她）左右。

当然这些答案都是理想化的，毕竟在现实生活中，有很多人还是选择了另觅新欢。

我们从图5中看到的是美好的爱情，这和每个企业的发展是相通的：长久的爱情需要双方彼此的守护，企业的发展需要老板和员工彼此守护；一旦有一方放手，那爱情就会消逝，企业就会倒闭（我相信这会是我们每一位在场的学员所不愿意看见的）。

今天我们的主题——“假如还有明天”正和图5一一对应了。

爱情如果还有明天，这里就不会有第五幅、第六幅图。

企业如果还有明天，同样不会发生第五幅和第六幅图的情况。

讲延伸的内容

各位学员，在讲完了看得见的内容后，我们用下面的这张图片（见图6）来谈一谈如何讲延伸的内容。

图 6　桃园三结义

资料来源：https://baike.baidu.com/item/%E4%B8%89%E7%BB%93%E4%B9%89/5654481。

五步成师小训练

此时此刻，请你思考 10 分钟，然后在笔记区中记录你思考的内容——如果让你来讲图 6，你会怎么讲呢？

我估计会有人长篇阔论地去讲《三国演义》里面的内容，因为他懂《三国演义》。

其实用图 6 来讲延伸的内容，与你懂不懂《三国演义》没有任何关系。

下面我给大家展示一下我是如果使用图 6 来做延伸的。

大家好，非常高兴，今天由我为大家讲解“团队管理”这个课题。请跟随我一起看 PPT 上面的图片。我们大家看见了什么？是不是蓝天白云，桃花朵朵；有三位穿着很鲜明，你一眼就能认出来的人物，他们是刘备、关羽和张飞；此时此刻，他们举起了酒杯，正在结拜。这是《三国演义》里面的一个片段。现在我们想象一样，我们的培训教室就是桃园，旁边就站着这三个人，他们举着酒杯马上要喝酒了。请问他们是直接喝酒呢，还是嘴里说些什么？估计他们会说“不求同年同月同日生，但求同年同月同日死”，然后酒杯碰撞在了一起。由于用力过猛，酒杯的酒还洒出来一些。他们将杯中酒一饮而尽，最后三人拥抱在了一起。通过他们的结拜，我们能读懂什么呢？我们能有什么收获呢？那就是团队的力量。如今已经不是单打独斗的时代了，而是团队合作的时代。而我们企业的团队刚刚组建，正需要优秀的你们加入进来。你们就是我们公司的关羽、张飞、赵云、诸葛亮……

怎么样，你觉得我讲得如何呢？你说我讲这一段是即兴发挥呢，还是有章法有套路的呢？

当然是有窍门了。这里我教大家一套万能讲法，无论是有图片还是没有图片，你都可以讲得非常精彩。

静态描述

你就正常描述一下图片上静态的事物，然后讲动态的内容。为什么先讲静态呢？因为人们对事物的认知都是有一个过程的，对于静态的事物会更易理解。

动态联想

图片上面的内容是固定的，如果我们让图片里面的内容动起来，那这个图片就精彩了，你就具有讲述图片的延伸价值和意义的能力了。动态联想是图片延伸讲法的关键，很多培训师讲课要么阐述个人收获，要么进行静态描述，唯独缺乏动态联想。

个人收获

结合图片的静态描述和动态联想，我们从图片中还能获取哪些收获呢？你可以列出几条，并引导学员思考，这样会让学员学到更多知识。

联系实际

你还要引导学员将学到的知识联系企业的实际情况加以运用，真正做到学以致用、理论联系实际。

讲对比的内容

前文讲述的图片都不涉及对比情况，而有一类图片（见图 7）里面有鲜明的对比情况。那这种对比的图片，该怎么去讲呢？

图 7　最有效的减肥法

资料来源：http://www.sohu.com/a/158913817_379890。

五步成师小训练

此时此刻，请你思考 10 分钟，然后在笔记区中记录你思考的内容——如果让你来讲图 7，你会怎么讲呢？

想讲好对比的图片，关键是什么呢？关键是要理出一个顺序。在图7中，有一个胖子，还有一个瘦子，先讲哪个效果会好呢？这个需要认真思考一下。一旦讲错了顺序，即使讲得再有激情，效果也不会很好。

我给出的答案是应该先讲理想状态，然后讲非理想状态，最后再讲理想状态。

请你记住，只要图片中出现对比的情况，就按照这个方法去讲。

就图7来说，你就可以先讲瘦子，再讲胖子，最后讲瘦子。

下面是我给大家的参考答案。

在图7中，有一个胖子在照镜子，镜子中的自己身材超级好，精神抖擞。可是呢，那是镜子，那是幻想，现实中的胖子仍然是个胖子，屡次减肥都以失败而告终。不过胖子既然照镜子能幻想自己未来的样子，那他如果采用目标管理的方法去减肥——先设定目标，然后分解目标，一步步地向着目标而努力，那么请问各位学员，他是否可以实现目标？当然可以实现。其实只要你有目标，只要你付诸行动，那镜子中的形象就不是幻想。

培训音乐

培训音乐的分类

在培训课程的开始、过程和结尾，培训师经常会播放两种音乐，一种是烘托培训氛围的音乐，如开场音乐、茶歇音乐等。还有一种是起到辅助教学作用的音乐，这样的音乐可以帮着培训师快速地和学员建立联系，可以有效地传递教学的知识点。

在此，我为大家重点讲解第二种可以起到辅助教学作用的音乐。

如何搜集

辅助教学类音乐要如何收集呢，是使用各种音乐 App 逐一去听吗？答案是否定的。如果真的逐一去听，无异于大海捞针，因为这样的音乐是可遇不可求的。你不要太刻意地去搜集这类音乐，只需要做到以下三点即可。

偶尔发现

既然可遇不可求，我们就不要太刻意地在音乐 App 里寻找，只需正常地工作、生活，当偶尔听到了有价值的音乐，就可以去下载，同时拷贝一份歌词。

自己去搜

当你确定了要搜集的音乐类型时，如激励人心的音乐、跟销售有关的音乐，你就可以借助音乐网络、音乐 App、搜索引擎等来达到目的。

向朋友借

你还可以向你的企业内训师或职业培训师朋友借辅助教学类音乐，往往他们随便发给你几首，都会让你受益匪浅。

使用技巧

当你得到可以用的培训音乐素材后，你就可以将其应用到培训课程中了。下面是辅助教学类音乐的使用规则。

按需使用

在培训课程中，当你讲到某个知识点了，当你需要该类培训音乐时，你就可以在这样的关键时刻使用，不宜过早，也不宜过晚。

闭眼播放

为了让学员达到一种沉浸的状态，培训师在播放该类音乐时，要让学员闭上眼睛，关上培训教室的灯。

截取精华

一首音乐的时间大约为 5 分钟，而辅助教学类音乐通常截取其中的 2 分钟精华，因为播放时间较长，学员容易审美疲劳，反而不利于教学。

在音乐播放结束后，普通的培训师可能采取的做法是：请学员睁开眼睛，然后谈谈对刚才所听音乐的感受。学员刚刚睁开眼睛，还没有将音乐完全消化呢，你就问学员有什么感受，这样会有很好的效果吗？

优秀的培训师会有更好的做法，就是先不让学员睁开眼睛，而是自己先解读歌词，然后请学员睁开眼睛。这个时候，学员的情绪被培训师调动起来，培训师就可以请他们分享对音乐的感受和心得了。

培训视频

尽量不用古装的

企业内训师或职业培训师在搜集培训视频的时候，一定要清楚能不用古装视频就不用。之前我在上课的时候，学员问我："《芈月传》或《甄嬛传》，是否可以用在相关的企业培训课程中呢？"我回答："不能，这样的古装剧不适合用在企业培训课程中。"

为什么不适合呢？因为古装视频的场景不对，又与企业培训的主题相去甚远。所以我鼓励培训师使用现代职场类型的电视剧片段来启发学员，比如《奋斗》《杜拉拉升职记》等。

很多学员可能会问，那《三国演义》呢？它可是有很多体现战略、体现沟通、体现管理的内容啊。

我的答案是：尽量不用，除非你手上没有更好的视频了。另外，各位学员要牢记：持续不断地更新现代职场的视频，才是最有价值的。

尽量不用日韩的

培训视频尽量用国产的，日本和韩国的视频最好不要用：一方面，中国的职场剧越来越多，拍得越来越好；另一方面，国产视频的职场环境与学员的类似，学员更容易理解和接受。

当然，如果你在备课的时候，发现手上没有可用的国产视频，而正好有几个与培训相关的日韩视频，那么你可以暂时使用此类视频。不过，在使用的过程中，你一定要对学员说："今天我为大家播放一段视频，这段视频是从韩国电视剧里面截取的，希望大家认真学习其中的知识点和技能。"

尽量不用动物的

目前，有一些培训师在讲感恩、讲忠诚的主题时，经常使用动物类视频来教学。之前我听说，有一位培训师使用电影《忠犬八公》的片段来讲述忠诚类主题的课程。如果你看过《忠犬八公》这个电影的话，我相信你不会认可该培训师的做法。

这几年培训界有几门课程特别火，如“狼性营销”“打造狼性团队”。有人可能会问：在这样的课程里面用到有关狼的视频，可以吗？这个是可以的，因为狼的视频与课程名称有着紧密的关系。

尽量不用老旧的

说到老旧视频，我特别想说说电视剧《亮剑》。《亮剑》是 2005 年播出的，至今已有 10 多年了。超过 5 年的视频我称之为“旧”，超过 10 年的视频我称之为“老旧”，所以 10 多年前的电视剧或电影就尽量不要在培训课程中使用了。与时俱进方能彰显培训师的专业和满足学员的新鲜感。

3~5 年的视频我称之为“正常”，3 年以内的视频我称之为“新鲜”。如今，培训师和培训师的较量，在很大程度上就是培训素材的较量，而培训视频作为当下非常火的教学内容，谁掌握了更多新鲜的视频资料，谁就更有可能在培训市场中更有价值。

尽量不用模糊的

有些视频的分辨率不够，不是很清楚，这样的视频不利于学员观看和学习。培训师应尽量不要使用该类视频，而应尽可能地去搜索高清或超清视频。

尽量不用歧义的

你的课程需要的是正能量的内容，那么视频中就不能掺杂负能量的信息。如果视频内容与课程主题相互矛盾，那么就会带来歧义，就会误导学员。有些视频具有双重含义——一段对话，前面是凸显执行力的，后面是凸显领导力的，那你在讲执行力的课程时就播放凸显执行力那段的内容，在讲领导力的课程时，就播放凸显领导力的那段内容。

尽量不用有关爱情的

如果我们给企业做培训，那么有关爱情的视频就坚决不能用，因为企业培训的主题与爱情无关。当然，如你的课程是关于恋爱和婚姻幸福的，那就可以正大光明地使用有关爱情的视频了。

上述八个原则，我相信大家都明白了。因为在本书中，我无法为你们播放视频，更无法现场为你们展示我解析视频的技能，所以只能靠你们平日去搜集培训视频，并自行练习视频解析能力，然后在培训的时候多多运用。

培训名言

名人名言

古代先贤、智者，现代作家、政界领导的名言，你都要搜集并保存起来。

书中名言

你在看书的时候，发现了书中的精彩语句，就可以摘录下来并加以保存。

培训师名言

你在听其他培训师讲课的时候，听到了精彩的语句，也可以记录下来并加以保存。

形成自己的名言

你搜集名人名言、书中名言、培训名言，就是为了增强自己的语言魅力。当你能够熟练地运用你保存下来的上述名言时，你就能创造出属于自己的名言，此时你也要及时记录下你的名言。久而久之，你自己的名言会越来越多，别的培训师也会把你的这些名言当作培训名言。

第八章

第三步——培训课件设计

打造富有魅力的培训课件

培训课件布局

各位学员，下面我们共同走进五步成师的第三步——培训课件设计。我要先明确一个教学方向：整个“五步成师”的课程不教学员 PPT 制作的内容，如果你不会 PPT 软件操作，请自学或找相应的老师学习。

请各位学员看看这个课件的截图，如图 8 所示。

图 8 “五步成师”培训课件的封面截图

你们觉得培训课件是否应该有封面呢?

答案是：必须要有。因为你在正式做培训之前，如果 PPT 中的第一页是课程开场或者是培训课件的目录，那么都会泄露课程的大概内容。

可能你还会问，那培训课件的目录不就是培训大纲吗，之前不是会提前告诉学员，让他们知晓课程的大体内容吗?

没错，企业内训师讲课的培训大纲会由培训经理提前发放，职业培训师的培训大纲也会提前发给企业客户或个人学员。那为什么还要设计一个课程封面呢？你有没有想过为什么在电影院和话剧舞台的中央有一个幕布呢？其实，课程的封面就类似于幕布，能充分调动学员的好奇心。那我的“五步成师”课件的封面给了你什么信息呢，哪些方面你会感到好奇呢？

会不会对“五步成师 8.0”感到好奇，会不会对“中国 1 000 位原创培训师培养计划”感到好奇（这是什么计划，五步成师和培养计划有什么关系）？

所以，培训课件的封面非常重要，它是培训师讲课的第一页，更是培训师调动学员积极性的第一页。

培训课件的封面由标题、标识、内容三个部分组成，下面我来详细讲解。

课件的标题

标题是什么？图 8 中的“课程名称”就是标题。培训课件是由多页内容组成的，每一页都应该是独立的。培训课件的封面是整个 PPT 的标题，而每一页也应该有一个小标题。我们要将标题放到每一页的正上方，让学员一目了然。

由于标题所处的位置居中，注定其字数不能多。我从多年的培训实战经验中得到的结论是，3~7 个字较为合理。字数太少的话，既不美观，又不能清楚地表达本页的内容；字数太多的话，又说明你的总结归纳能力不强。

课件的标识

标识是什么？图中的“五步成师认证学院”和网址都属于培训课件的标识。标识非常重要，它可以凸显培训师的个人品牌或公司的品牌，更能凸显服务意识。

标识设置成姓名

如果你是职业培训师，你想宣传自己，打造个人品牌，那么课件的标识可以设置成自己的姓名。学员每次看培训课件都能看见你的名字。如果学员对课件进行拍照，然后分享朋友圈，那么你的名字也会跟着被宣传，对于你打造个人品牌非常有帮助。

标识设置成公司 logo（标志）

如果你是企业内训师，你就不需要宣传自己了，你要宣传的是你的公司。如果你把你公司的名字、公司的 logo 放在培训课件的封面上，那么你将受到公司领导的认同和赏识，你的学员也会更加信赖企业。

有的职业培训师和企业内训师在培训课件的封面上放置企业客户的 logo，这种行为能够给客户留下美好的印象。还有的职业培训师是通过培训机构与企业合作的，因为培训机构有宣传自己的需求，所以我建议此类职业培训师要满足培训机构的宣传需求，在培训课件的封面上放置培训机构的 logo。

标识放金句

如果你有特殊的考虑，想宣传一句话，那么可以在培训课件的封面上放置金句。通俗地说，金句的意思就是有价值、有含金量的句子，比如前文我讲到的培训名言。

课件的内容

内容是什么？课件中的图片、文字和表格都属于内容部分。

我相信很多培训师都听说过“字不如表，表不如图”的说法，而且对此确信不疑，还积极地用行动去证明这个观点，即在制作培训课件时尽量少用文字和表格，多用图片。

那么，是不是培训课件中的图片越多越好呢？

我认为不尽然。图片、文字、表格都是整体的组成部分，是缺一不可的，培训师要合理利用图片、文字和表格，这样才能使培训课件释放出最多能量。

下面我从实战的角度出发，为大家深度讲解图片、文字和表格三种内容要素具体的使用原则。

- 有文无图。在培训课件中，有文无图的课件制作原则适用于课程知识点的定义、两个知识点过渡、对比观点、解析故事等场景。
- 有表无图。在培训课件中，有表无图的课件制作原则适用于罗列数据、解析案例等场景。
- 有图无文。在培训课件中，有图无文的课件制作原则适用于互动教学、知识点过渡等场景。
- 图文并茂。在培训课件中，图文并茂的课件制作原则适用于知识点、流程、工具、技能的讲解等场景。
- 图文分离。培训课件本身是图文并茂的，但是由于特殊情况要将图文分开，不让它们出现在 PPT 的同一页中。

培训课件目录

目录放在开场后面

培训课件的目录是 PPT 中的重要一页。目录能够告诉学员：今天要讲什么，已经讲到哪了，还有哪些没有讲。这个目录就是我们“五步成师”第一步设计出来的培训大纲。

在多年的教学过程中，我发现很多学员会把目录和开场的顺序弄错。在此，我强调一下，培训课件的内容顺序一定是先展示封面再开场，然后是目录，之后才是具体的讲课内容。为什么培训目录要放在培训开场的后面呢？因为当你用一段精彩的开场引出你的课程后，学员会更加期待你要讲的内容，而目录能直接满足学员的这种期待。

目录要标记亮点

培训目录是我们的培训大纲，在此，我要告诉你们能让其更有亮点的两个小妙招。

总结关键词

我就拿“五步成师”课程和“职场 DNA”① 课程的大纲来说吧。

“五步成师”培训大纲

第一步——培训大纲设计（骨架）

① “职场 DNA”也是李新海的培训课程之一。DNA 是生物学术语，原意为脱氧核糖核酸，是染色体的主要组成成分，是主要的遗传物质，而职场 DNA 指的是职场传承、职场经验等。——编者注

第二步——培训素材设计（血肉）

第三步——培训课件设计（皮肤）

第四步——培训技巧设计（心脏）

第五步——培训模拟演练（整体）

“五步成师”培训大纲中的每一步的后面都括注我自己总结的关键词。有了这些关键词，我便能凸显自己的课程体系，教学将更加方便，讲课也会更加生动，学员将更加喜欢听我讲课，教学效果将会更上一层楼。

“职场 DNA”培训大纲

做好本职岗位（一个中心）

做好其他岗位（两个基本点）

做好晋升准备（三个方向）

“职场 DNA”的课程大纲中括注的内容，也是关键词。这些关键词是不是有助于你更加理解培训大纲呢？

以上案例表明，培训师在培训大纲中括注总结的关键词，会起到很好的培训效果。

重点加颜色

如果你没能给自己的培训大纲加上合适的关键词，那么把你培训大纲中的重点内容加上颜色也是一种增强培训效果的理想的方法。

比如“五步成师”大纲中的“第一步——培训大纲设计”，它的重点自然是“大纲”两个字了，那就把“大纲”加上颜色（在 PPT 中，如果你使用的文字颜色是黑色，那么就把“大纲”两个字改成红色，黑红两种颜色形成反差，学员一眼就可以看见重点）。

目录要逐渐去掉

培训大纲里面的一级大纲、二级大纲、三级大纲，都有着对应的目录，每一个目录都是课件的连接点，培训师讲课大多需要靠这些目录来连接和过渡。

培训师的成长需要一个过程，刚开始对课程不熟悉，需要目录；而当培训师将课程讲得非常熟练，并且课程经过了多次迭代，逻辑关系已经非常紧密，此时他还愿意提前剧透吗？这个时候，培训目录就可以功成身退了。

培训课件借鉴

早期借鉴

各位学员，当你们不能深刻地理解某个主题时，自然不能原创出杰出的培训课件。当你觉得其他培训师解读这个主题的内容非常精彩时，你敢于把他们的讲课内容应用在自己的 PPT 课件里面吗？我给出的答案是：放心大胆地去借鉴。

估计有人会心存忧虑，他们会问：“老师啊，你这个内容，不是某某课程里面的吗？是不是有人抄袭之嫌？”

这种担心完全没有必要。首先，我说的早期借鉴指的学习和模仿，不是完全地照搬照抄其他培训师的讲课内容；其次，培训的内容万变不离其宗，与别的培训师的讲课内容偶尔雷同，也属正常，只要你不是刻意地复制别人的内容即可。

适度延展借鉴

你自己可能对于某个主题没有太多了解，但是当你听到或看到别人阐述的内容后，有了深度的思考，有了新的感悟，你便有了属于自己培训课件的灵魂。

对比创新借鉴

如果你在看了别人的内容后，有两种思考，那么你就厉害了。第一，你觉得对方的内容是对的，但是还可以更好，于是你就具备了创造出更好的内容的潜力。第二，你觉得对方的内容是错的，并且能据此设计出来新的内容证明对方的内容是错的。第二种思考方式就叫对比创新。

“五步成师”就是我通过对比创新的方法原创的培训课程，它的课程名称、课程大纲、课程知识点、课程素材、课件风格、课件讲法都与众不同，自然可以在培训界脱颖而出。

网络资源借鉴

如果你曾经搜集了某个资料，而这个资料就是一个网络小段，那么你是用还是不用呢？我建议，如果对于你的课程有帮助，那么是可以用的，不过要在课件中注明资料来源。

当然，我还是提倡原创。当你学成“五步成师”后，你就会成为一名原创的培训师，你就是版权的持有者，这样你就无须担心版权的问题了。

培训课件成型

定主题

各位学员，我在前文做了诸多的铺垫，现在就为大家揭秘我快速开发课程的方法和技巧。

我将以职业化为主题，来为大家详细讲解如何开发培训课程。无论你选定培训主题与否，无论你是企业内训师还是职业培训师，你都将从中有所斩获。

既然课程主题是职业化，那课程名称不能叫职业化啊。于是我陷入了沉思。我曾经在万科任职培训专员，当时主讲过一堂课叫“万科DNA”，讲的是企业文化。于是我想，职业化是不是也属于一种DNA呢，是不是也可以在新老员工的血液里面流淌呢？随后，我就为职业化这个课程主题起了一个全新的名字，叫“职场DNA”。第一，职场DNA和万科不发生关系，不是抄袭，没有版权问题。第二，这个课程从DNA入手，有一个新颖的切入口。

有思路

当你定了主题，有了一个响亮的名字后，你还需要找到一个灵感，一个可以帮着你快速开发培训大纲的灵感。这样有助于你从一开始就能开发出一个中级培训大纲。

你可能会说，不是有DNA了吗，这个不就是灵感，不就是你说的切入口吗？

DNA固然是重要的，可以用在开发课程上，但是DNA这三个字母，还有我们所熟知 DNA 的意思，并不能给我们答案。那寻找灵感的关键点是什么呢？我们一起来想想。

在职场中，什么表现是职业化的呢？我认为，职业化就是一个人适合在职场生存，能为公司做贡献，而《岗位说明书》是职场员工的行为准则，要求员工做好本职工作并兼顾其他工作。

另外，所有正在履行《岗位说明书》的员工，内心都期待着升职加薪，所以员工还要提前做好晋升的准备。

有流程

在明确思路之后，你接下来便要按照流程行事：先搞定本职工作，然后搞定其他工作，随时做好晋升的准备。这样，“职场 DNA”课程的培训大纲就设计出来了：

“职场 DNA”培训大纲

做好本职岗位（一个中心）

做好其他岗位（两个基本点）

做好晋升准备（三个方向）

“职场 DNA”这门课程属于整体类中级培训大纲，其中的整体是升职加薪，而它又包含了三点内容。也许有的学员会问：李老师，这个不是融合了 DNA 吗，不应该属于高级大纲吗？我要说明一下，如果 DNA 在每个大纲条目中都有，那就是高级培训大纲了；然而，DNA 仅与课程名字相结合，所以该培训大纲仅凸显课程中的某个核心知识点，只能算是中级培训大纲。

画太阳发散图

既然有了流程，那我们就动手画太阳发散图（见第六章中的图 2）。我们先来思考步骤 2 至步骤 7 的内容。

过程 1 是做好本职工作，那过程 1 上和过程 1 下分别是什么呢？

过程 2 是做好其他工作，那过程 2 上和过程 2 下分别是什么呢？

过程 3 是做好晋升准备，那过程 3 上和过程 3 下分别是什么呢？

在这三个过程中，哪个过程是最重要的呢？那就是过程 1 做好本职工作。那本职工作里面什么最重要呢？

既然课程名字叫“职场 DNA”，那么我们是否有必要弄清楚什么是“职场 DNA”？所以我就把过程 1 上确定为“职场 DNA”。在确定了“职场 DNA”的含义后，我们是否要弄清楚职场中有哪些禁忌？所以我就把过程 1 下确定为“职场注意事项”。我继续思考着后续步骤，直到将整个太阳发散图中的内容填充完毕。

再优化

当画好太阳发散图的草图之后，我还对其进行了不断优化，直到画出自己满意的太阳发散图。

图 9 就是我最终优化的“职场 DNA”课程的太阳发散图。

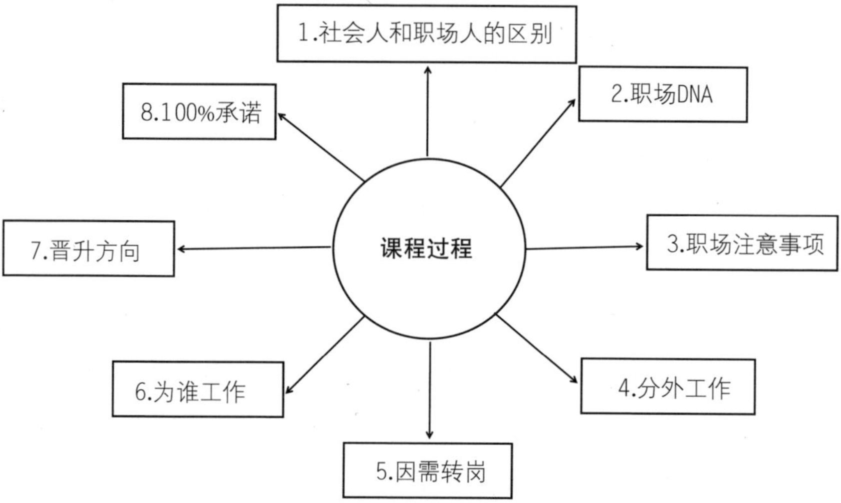

图 9 “职场 DNA”课程的太阳发散图

接下来，你就可以按照图 9 的内容去做课件了。最简单的操作方法就是你先做 8 页 PPT，每个步骤一页，然后找灵感，找素材，丰富 PPT 的内容，至少让 8 页 PPT 变成 32 页，最终形成一个完整的课件。

有了完整的课件可能还不够，因为你可能还未掌握培训课件的顺序。接下来，我就培训课件的顺序来给你们继续揭秘。

培训课件顺序

各位学员，培训课件是有顺序的，也就是我们所说的逻辑，即哪个知识点先讲，哪个后讲，这对学员吸收培训内容有着非常大的影响。

我在这里为大家提供三个顺序，仅供参考。

区别内和外

什么是内，什么是外？如何区别呢？

我们可以这么理解：内为一个人的内心感受或内在的含义，外为一个人的外在行为。

前文我说的职业化主题的课程“职场 DNA”，请问大家，这个课程是内在的，还是外在的？答案是内在的，因为标题中的 DNA 已经告诉我们答案了。

在区别了内和外之后，培训师在讲“职场 DNA”课程时可以采用两种授课模式：第一种，开场讲外，过程讲外和内，结尾讲内；第二种，开场讲外和内，过程讲外和内，结尾讲外和内。总的来说，这两种模式都是先外后内的授课模式。

下面我以“赢在礼仪 36 个动作”“有心才有礼”为例来说明先内后外的授课模式。

“赢在礼仪 36 个动作”是说，一个人想要有好的礼仪，想成为人生赢家，需要掌握礼仪的 36 个动作。“有心才有礼”表达的意思是，我们要用一颗真诚的心去尊重自己和对方，而不只是记住礼仪的动作。

在这两门培训课程中，你是先讲礼仪的动作和规范再讲一个人内在的礼仪、修养，还是先讲一个人内在的礼仪、修养再讲礼仪的动作和规范呢？

我相信，你会选择后者，即先讲内，再讲外。

区别人和人

我们再来说说如何区别人和人的顺序。

人和人的区别，不是从课程主题或课程名字中看出来的，而是体现在具体的授课过程中的，如太阳发散图的三大板块——开场、过程和结尾。

在“职场 DNA”的课程中，太阳发散图的开场内容是社会人和职场人的区别。那你区别一下，哪种人应放在前面讲述呢？

我们讲职场 DNA，讲职场的事情，一般是先讲社会人再讲职场人。也就是说，课程的主要内容是什么，我们就要把跟主要内容相关的那种人放在后面重点地讲。

“中外沟通”课程提到两种人——中国人和外国人。这门课程该用哪种顺序来讲呢？

我的答案是：第一种，开场讲外国人，过程讲外国人和中国人，结尾讲中国人；第二种，开场讲外国人和中国人，过程讲外国人和中国人，结尾讲外国人和中国人。

区别事和事

除了区别内和外、人和人的顺序之外，你们还要区别一种顺序，那就是事和事。

请先阅读以下案例，如果你之前听说过这个案例，培训的时候也用过，那你更要再次阅读，因为这个案例中隐含了一个重要的知识点，可能是你之前忽略掉的内容。

这是发生在意大利佛罗伦萨的一个故事。约翰和哈里两个年轻人同时入职一家蔬菜贸易公司。

三个月后，哈里很不高兴地走到总经理办公室，向总经理抱怨说：“我和约翰同时来到公司，现在约翰的薪水已经增加了一倍，职位也升到了部门主管。而我每天勤勤恳恳地工作，从来没有迟到早退过，对上司交代的任务总是按时按量地完成，从来没有拖沓过，可是为什么我的薪水一点没有增加，职位依然是公司的普通职员呢？”

总经理没有马上回答哈里的问题，而是意味深长地对他说：“这样吧，公司现在打算预订一批土豆，你先去看一下哪里有卖的，回来我再回答你的问题。”

于是哈里走出总经理办公室，找卖土豆的蔬菜市场去了。半个小时后，哈里急匆匆地回到总经理办公室，汇报说：“20公里外的‘集农蔬菜批发中心’有土豆卖。”

总经理听说后问道：“一共有几家卖的？”哈里挠了挠头说：“我刚才只看到有卖的，没注意有几家在卖，您稍等一会儿，我再去看一下！”

说完，哈里又急匆匆地跑了出去。20分钟后，哈里喘着粗气再次跑到总经理的办公室汇报：“报告总经理，一共有三家卖土豆的。”

总经理又问他：“土豆的价格是多少？三家的价格都一样吗？”哈里愣了一下，又挠了挠头说：“总经理，您再等一会儿，我再去问一下。”

说完，哈里就要往外跑。这时，总经理叫住他：“你不用再去了，你去帮我把约翰叫来吧。”

三分钟后，哈里和约翰一起来到总经理办公室。总经理先对哈里说：“你先在这里休息一下吧。”然后又对约翰说：“公司打算预订一批土豆，你去看一下哪里有卖的。”

40分钟后，约翰回来了，向总经理汇报：“20公里外的‘集农蔬菜批发中心’有三家卖土豆的，其中两家卖的是90美分一斤，还有一位老者卖的是80美分一斤。”

“我看了一下他们的土豆，老者的土豆不仅便宜，而且质量上乘，如果需要的话，他的价格还可以更优惠些，并且他家有货车，可以免费送货上门。我已经把那老者带来了，就在公司大门外等着，要不要让他进来具体洽谈一下？”

总经理说道：“不用了，你让他先回去吧！”于是，约翰就出去了。

这时，总经理看着目瞪口呆的哈里，问道：“你都看到了吧！如果你是总经理，你会给谁晋职加薪呢？”

哈里惭愧地低下了头。

好，各位学员，在阅读完上述案例后，你们觉得其中最重要的知识点是什么呢？那就是区别事与事的顺序——在整个案例中，哈里没有办好买土豆这件事，而约翰办好了买土豆这件事。

如果你做课件，那么当你详细解读哈里和约翰在买土豆这件事中的思维和行动时，你会先做哪个课件呢？

答案可能五花八门，而且都有道理。这样，我现在说说我的答案，以及我为什么会这么排序。

针对哈里和约翰这两个人，一个会买土豆，干脆利落地完成任务，一个不会买土豆，办事效率低。那我在做 PPT 课件时就会先讲约翰（会买土豆），再讲哈里（不会买土豆），最后再讲约翰，这样既有连贯性，又能与第七章中“讲对比的内容”相对应（先讲理想状态，再讲非理想状态，最后再讲理想状态）。

所以，我就先做一页 PPT 说约翰土豆买得好，再做一页 PPT 说哈里土豆买得不好，最后再做一页 PPT 讲哈里要向约翰学习。

我们已经讲述了的培训课件的顺序——区别内和外、人和人、事和事，它们能够反映你的课件是否成功。一个内容丰富的培训课件加上合理化的顺序，势必会成效显著。

培训课件种类

培训课件身份和传播

各位学员，无论是企业内训师做培训，还是职业培训师做培训，培训现场都会有两种培训课件。

第一种是培训师使用的授课课件，也称教学课件，培训师根据这个课件来进行教学，讲完一页，再讲下一页。

第二种是学员使用的学员课件，也称笔记课件。培训组织人员会将学员课件打印成学员手册。学员在听课的时候，就可以在学员手册上记录笔记。在培训结束后，学员还能利用这个学员手册温故知新。

这两种课件的用法有很大的不同。

先说企业内训师的课件。由于企业内训师是企业员工，听课的学员也是企业员工，他们是自家人，所以企业内训师的授课课件和学员课件是一模一样的。另外，此类课件也便于传播。比如某集团总部举办“高效能人士的七个习惯”课程，参加培训的都是各分公司的骨干。在课程结束后，这些骨干将学员课件带回到自己所在的分公司。集团总部会有一个安排，让听过“高效能人士的七个习惯”课程的骨干，在自己所在的分公司进行该课程的精华分享。这样，这些骨干便会把学员课件拿出来与所在分公司的员工进行分享，以实现将课程精华传播给每一位集团员工。

再说说职业培训师的课件。职业培训师会因为版权问题，不会把课件的内容全部拷贝给学员，而会在自己授课课件中将核心知识点和内容去掉（至于去掉多少，没有一个固定的比例。我曾经与几位职业培训师交流过，他们一般会去掉授课课件内容的三分之一）。

各位学员，你们千万别以为这种删除了部分内容的学员课件会影响到培训课程的效果，其实一点影响都没有，反而有促进的作用。当培训师在讲台上授课，讲到很重要的内容时，学员发现自己课件里没有这一页，那他们就会认真记录，反复思考。

职业培训师在保护自己知识产权的同时，让授课课件起到了意想不到的培训效果，所以这种授课课件和学员课件的应用范围不断扩大，甚至很多企业内训师也把这种方法用在企业的内部教学中。

培训课件创新和迭代

正如我前面提道的，培训课程不应该有目录，因为有目录就好像泄密了，学员就能知道课程的大体内容了。学员手册也是一样，无论这个手册含有多少教学课件的内容，它都将课程的内容泄露了。

所以，我的个人观点是，无论是企业内训师还是职业培训师，都不应该编制学员手册，即教学课件里的内容一页都不提前让学员看见。但是，在课程结束后，为了让学员更好地复习课程内容，培训师可以把教学课件中的部分内容拷贝给学员。

我的这个观点受到各种电影、电视剧的启发，因为电影、电视剧一旦被剧透，将失去对观众的吸引力。同理，培训课件也不能被剧透，培训师要一点一点地揭开其神秘的面纱。

另外，很多电影、电视剧都拍了续集，主要是因为它们能够创新和迭代，有更吸引观众的内容。培训课件也是一样，要不断地更新和迭代，这样才能更加吸引学员，培训师的口碑才能越来越好。

第九章

第四步——培训技巧设计

让学员意犹未尽

培训开场

所谓万事开头难，培训师如果能有一个好的开场白，那课程将顺利进行。如果开场就失利，那么学员就不会认真听讲，培训的结果就可想而知了。

为了能够帮助到所有学习“五步成师”的学员，以下我为大家呈现多种开场方法。当然了，培训师开场不止这些，你还可以根据自己的情况设计开场方法。

关联开场

关联开场是将培训师个人的特征和当下环境的场景进行关联，一旦关联上了，那培训师的开场就会更自然、更生动。

如果你是一名讲销售课程的培训师，那么你的开场就可以这么关联：

我是李新海，也叫打不死的小强，为什么我有这么一个名字呢？我曾经在物业公司上班，在追缴物业费时，我打电话给业主，业主说晚上八点回来缴费。我就在物业公司前台等他主动来缴费。可是到了八点半，业主还没有来。我就再给他打电话。业主说有个饭局还没有结束，可能要十点才能回来，叫我不用等他了，以后有机会他会来物业前台缴费的，然后就挂断了电话。可是我不甘心，于是决定去业主家门口等他。当业主回来看见我时，非常惊讶，随即缴纳了物业费。

销售是一门学问、一门技术，如果客户不支付费用，那前面的努力都毫无意义。所以作为销售人员，促成客户支付费用的临门一脚是每一位销售员工的必修课。现在就请所有学员跟我一起进入销售成交训练营吧！

各位学员，这个开场你们觉得怎么样？它运用了什么样的关联手法？简单地说，该开场方式关联了人物及人物身上所发生的事。

你还可以关联当下场景。如果你是一名讲职业化课程的培训师，讲课的时候是夏天，温度很高，那么你就可以这样开场：

我是李新海，很高兴各位学员选择在夏天学习，现在外面的温度已经达到32度了，我看见很多学员的后背都湿透了。此时此刻我要说，选择在夏天学习反映了一种积极的学习态度，只要你们坚持在夏天学完这门课程，你们就可以在春天、秋天、冬天创造更大的价值。而今天，我们主讲的职业化，就是不问过程只问结果的职场态度和准则。如何让你的结果最大化？如何让你的效率翻倍？我将在课程中为你们一一呈现。

只要你开动脑筋，一切皆可关联。

观点开场

顾名思义，观点开场就是培训师在开场的时候表述一个观点，然后引导学员进入课程。

那什么观点比较合适呢？我推荐使用人们普遍认同的观点：第一个观点，近朱者赤，近墨者黑；第二个观点，好记性不如烂笔头。

那怎么使用观点开场呢？

我现在用“近朱者赤，近墨者黑”这句话去讲中层管理技能的课程。开场白如下：

各位学员，我提出一个观点“近朱者赤，近墨者黑”，你们大家认同吗？我相信大家都听过这句话，并且非常认同。对应于今天中层管理技能的课程，请问大家，如果你想做部门经理，做公司优秀的中层干部，你是不是要展示自己的魅力，是不是要让你的员工接近你并拥有和你一样的正能量？我相信大家会说是的，这也是大家坐在这里听课的目的。所以，今天上午三个小时的课程就是要教会你如何拥有这个“朱”和“墨”的能力，让你的下属在你的带动下，越来越像你，越来越能独当一面。大家说，好不好？

这样的开场白是不是很精彩呢？

我们再讲第二个观点“好记性不如烂笔头”，这次我们讲如何提高工作效率的课程。开场白如下：

各位学员，我看见大家都带了纸和笔，这点非常好，参加培训，就要做记录，正所谓“好记性不如烂笔头”。当你学到新的知识点时，就要记录下来；当你有了新的感悟时，也要记录下来；当你想到摆脱企业困境的解决方案时，也要记录下来。记录的价值是无穷无尽的。你记了这么多的笔记，你认真看了吗？你做过整理吗？我想很多人并没有认真看，更没有做过整理，那这样的烂笔头和笔记便没有太大的意义。所以，今天我要教大家如何对过往知识进行整理，如何有效地利用你曾经记录的笔记。

上述两种开场方式，你们学会了吗？

修改开场方式

各位学员，你想讲课效果出奇制胜吗？你想让学员认可你的课程，并颠覆自己的已有的思想吗？那就必须要重点学这个技巧——修改开场方式。

我们再看一次前面的两个观点：第一个观点，近朱者赤，近墨者黑；第二个观点，好记性不如烂笔头。

如果我们的培训师胆子大一些，打破常规，把两个观点都改了，那么有可能起到意想不到的效果。

我还用“近朱者赤，近墨者黑”讲中层管理技能的课程。

各位学员，中国有句成语，叫“近朱者赤，近墨者黑”，意思是说，接近好人可以使人变好，接近坏人可以使人变坏，即客观环境对人有很大影响。中国还有个与上述成语意义相近的故事，叫“孟母三迁”，意思是说，孟子的母亲为了使孟子拥有一个好的学习环境，远离不好的环境，去往好的环境。那我想问问大家，谁来确定“朱”和“墨”，谁来确定好的环境、坏的环境？他一定是个权威人物。结合我们的中层管理技能的主题，你们是企业的中层干部，需要学习技能来管理好你们的下属，你们每个人都是权威人物。所以，我们可以将“近朱者赤，近墨者黑”改成“近我者我”，意思是说，谁接近“我”，谁就会与“我”一样具有权威。在“孟母三迁”的故事中，不管孟母带着孟子在什么环境下学习，只要孟子具备“近我者我”的能力，任何环境都会变成于“我”有利的好环境。

修改观点的开场方式和引用观点的开场方式，你更喜欢哪一个呢？你觉得哪个更有威力呢？

对于第二个观点“好记性不如烂笔头”，我们又如何修改它呢？

各位学员，我看见大家都带了纸和笔，这点非常好，参加培训，就要去记录，正所谓“好记性不如烂笔头”。不过，这句话过时了。我们正处在伟大的新时代，我们要与时俱进。我们的父母曾经对我们说：在单位，领导叫你去办公室，你一定要拿上纸和笔，因为你可以随时记录领导说的话和布置的工作；公司开会、培训，你也要带着纸和笔做记录。如今，笔记本电脑越来越先进，智能手机越来越高级，所以“好记性不如烂笔头”这句话需要改改了，我们将其改成“好记性不如烂笔头，烂笔头不如笔记本电脑，笔记本电脑不如智能手机”，大家说是不是呢？

各位学员，请将上述开场方式与引用观点的开场方式做对比，你们又有什么体会呢？

我曾经听过一位培训师的课程，他在课堂上讲了一段话：“学员们，你们想成功吗？成功的人都具备一个特质，这个特质就是‘理直气软’。接下来，我告诉大家，为什么不是理直气壮，而是‘理直气软’。”

对于这段话，至今我记忆犹新。为什么呢？因为它和正常的思路不一样，它打破了常规，将理直气壮修改成“理直气软”，让人好奇。

事实开场

顾名思义，事实开场就是培训师讲一个实事，通过这个事情，让学员有所触动，从而产生学习的动力。

“我有背影，别人有背景”，就是非常好的事实。如果你在讲一堂销售的课程，那么在开场的时候，你就可以用这个事实来开场。

各位学员，我们所在的这个城市叫什么？没错，就是北京，中国的首都。大家都知道，我们每个人都是经历高考、经历职场选择，最终入职这家企业的。现在你们都做了销售，要在北京奋斗，这意味着什么？这意味着比拼，一方面要跟其他公司的销售比拼，一方面要与同事进行比拼。比拼就会有人胜利、有人失败。比拼就要求我们只能一步一个脚印去奋斗。有一句话叫“我有背影，别人有背景”。我们大多数人都没有背景，所以只能靠自己的知识和技能去打拼，赢得属于自己的一席之地，留在北京。今天，我为大家带来了实战性的销售知识和技能，帮助大家少走弯路。只要你们认真学，我相信我所讲的内容能够帮助你们完成业绩目标，创造辉煌。

当然，事实开场的方式不止这一种，你可以结合实际情况，想出更多的事实开场方式。

方法开场

方法开场，培训师应该从它的名字中就能体会到它的实战性。因为学员坐在台下听课，是带着需求来的，是希望学到解决问题的方法的。

所以为了满足学员的需求，我们可以在开场的时候，利用方法开场方式来吸引学员的注意力。

常用的方法开场方式有两种。

第一种是传递思想。

比如，你可以做一页 PPT，上面写上这么一行字——“自己奔跑不如找到一匹快马”，然后开场。

各位学员，你们说是走路快，还是跑步快？答案自然是跑步快。那是人跑步快，还是骑马快？自然是骑马快。如今，一个人再怎么努力，如果缺乏工具，那么他的效率都将大打折扣，所以一个好的工具，就是解决问题的关键，而这个工具，你可以理解为一匹快速奔跑的马，也可以理解为一种理念，一种方法。所以，今天我为大家准备了工具和表格，准备了理念和方法，帮助你们少走弯路，快速前行。

你们觉得这种开场方式如何呢？是不是都围绕着 PPT 上面的那行字来讲解的呢？你体现到了方法开场的核心思路吗？

第二种是故事启发。我们先来看一个故事。

春秋战国时期，有位神医名叫扁鹊（他被后世尊为“医祖”）。一次，魏文王问扁鹊：“你们家兄弟三人，都精于医术，到底哪一位最好呢？”扁鹊答：“长兄最好，中兄次之，我最差。”文王又问：“那么为什么你最出名呢？”扁鹊答：“长兄治病，是治病于发作之前，由于一般人不知道他事先能铲除病因，所以他的名气无法传出去；中兄治病，是治病于初发时，一般人以为他只能治轻微的小病，所以他的名气只在乡里传播；而我治病于严重之时，一般人都看到我在经脉上扎针放血，在皮肤上敷药，以为我的医术高明，所以我的名气能响遍全国。”

你会发现这个故事展现了三种治病救人的方法：一种是预防疾病的方法，一种是解决小病的方法，最后一种是解决大病的方法。

所以，如果你的课程内容能够预防问题的发生，能够解决小问题或大问题，那么你就可以引用这个故事作为开场，从而能够帮助学员为企业预防问题、解决问题。

三问开场

培训师在开场的时候，经常会采用提问的方式。前文我在讲互动、讲各种开场技巧的时候，也提到这种方式。刚开始的时候，培训师不要让学员真的回答问题，自问自答就可以了。至于提问的次数，一次可以，两次更好，三次最佳。

我曾经在做企业内训师的时候，听说“开场三问”的技巧特别棒，于是就通过各种渠道了解了这个技巧的使用方法。

“开场三问”大致是这样的：李新海同学，你认为某某学习重要吗？李新海同学，你在培训过程中遇到哪些问题？李新海同学，你希望在课程中学到哪些知识？

在找到这个方法后，我如获至宝，就立刻把它用在企业内训中，结果得不到学员的配合，最多只能算是勉强配合。

后来我做了职业培训师，我再一次尝试“开场三问”的技巧，结果依然让我失望。

再后来我做了多次调研，并且在实战中不断摸索，终于掌握了“开场三问”的方法。

第一种使用方式，自问自答。

开场的时候，你问学员问题，学员不配合，那怎么办？那就自己回答。因为你问出了问题，学员就会好奇，就会期待答案。自问自答，一方面满足了学员的期待，另一方面，它是一种自我演绎，能够避免尴尬局面。

第二种使用方式，封闭问题。

如果你非要问学员问题，又想有效地避免学员不配合的情况，那么就不要问开放性问题，而要问封闭性问题，即 A 或 B 的问题。

我曾经在企业内部做执行力的培训时，就问过三个问题：你是想做员工，还是想做领导？你做工作喜欢拖延，还是立刻去做？你说话不算话，还是一诺千金？

如果你是参加培训的学员，你愿意回答这三个问题吗？我相信你不光愿意回答，还会站起来声音洪亮地回答：我想做领导，我不喜欢拖延，我一诺千金。

我还受邀为一个创业比赛做创业培训，也问过学员这三个问题：你要做企业主，还是要改变世界？你要潇洒地生活，还是要做中国首富？你要做公司总经理，还是要做公司创始人？

针对这三个问题，你说参加课程的创业者愿不愿意回答呢？当我提出问题后，学员争相回答。我当时心里特别开心，觉得“开场三问”的技巧用对了地方。

案例开场

第七章“第二步——培训素材设计”首先介绍的就是培训案例。如果你积累了非常多的案例，那么你可以利用案例来进行开场。其实，培训素材都可以用来开场，只是案例开场有其特殊性，所以我在这里重点介绍。

先说说案例的数量问题。你说案例开场用一个好呢，还是多个好呢？

我本人觉得，在开场的时候案例可出现一两个，但是不可出现三个及以上。因为一旦案例较多，即使每个案例的内容都很新颖，培训师的解析也很精彩，学员在听课的时候，也会有疲惫感，也会觉得单调。

再说说案例的质量问题。任何一个案例，都是有其价值的，但是如果培训师用得不恰当，案例的价值就会大打折扣。

为了让各位学员有更多的体会，我举两个用案例开场的例子。

A 培训师主讲职业化课程，开场的案例是：一名员工打算在国庆节期间跟女友求婚，而单位领导要求该员工国庆节加班，他以其他理由拒绝了领导的加班安排。

B 培训师主讲团队管理课程，开场讲述了自己教育孩子的案例。

你觉得 A 培训师和 B 培训师开场使用的案例恰当吗？

答案是两个都不恰当。A 培训师讲职业化课程，想凸显员工太自私了，可是员工求婚，也是人生大事啊。B 培训师讲团队管理课程，把教育孩子的方式与管理员工做类比。这样的类比可信吗？员工和孩子可以等同吗？

身份开场

我在第二章中说过，你要“从学员变老师”，增加一个老师的身份，这样你就可以从我的“五步成师”课程中学到更多的实战技能。

而增加身份或者换个身份的开场技巧，不光是“五步成师”课程可以用，所有的培训课程都可以用。

- 在讲管理类课程的时候，可以给学员增加管理者的身份。
- 在讲人力资源类课程的时候，可以给学员增加老板的身份，从而让他们更好地体会老板会招聘什么样的人。

- 在讲销售类课程的时候，可以给学员增加客户的身份，这样可以做到将心比心。
- 在讲软件类课程的时候，可以给学员增加培训师的身份，以教带学，这样就可以使学习的效果更好了。

……

名字开场

接下来我们要讲的开场技巧是一个万能技巧，叫名字开场，因为不管你讲什么课题，你都需要为你的课题起一个名字，而这个名字恰恰有很多文章可做。

你可以讲为什么起这个名字。比如在“五步成师”课程开场时，你可以讲为什么要起“五步成师”这个名字。

你可以讲这个名字的含义。在“五步成师”课程开场时，你可介绍五步成师都有哪五步，为什么是这样的顺序。

你可以讲这个名字的结果。在“五步成师”课程开场时，你可以介绍学完本课程会有什么样的结果，如何确保达到这种结果。

你可以讲这个名字的亮点。在讲一个销售主题的课程时，我将课程命名为“销售渐进扎心术”。当你看见这个名字时，觉得它的亮点在哪呢？“扎心术”三个字就是亮点，因为以扎心术为切入点，你就可以讲出很多精彩的内容。

能力开场

各位学员，前 9 个开场技巧对普通培训师来说都比较容易掌握。而当培训师的能力提升到一定程度后，他就可以使用这最后一个开场技巧了——能力开场。只要培训师实力雄厚，便可利用能力开场来施展自己的才能，那我可以不夸张地说，在中国任何培训课程的现场，他会受到所有学员的追捧。

为了更好地说明能力开场的价值和内容，我特意在本书的第四章“扑克牌训练法的使用”中，施展了自己的能力，将11列词语都分别进行了自我介绍。欢迎你重温第四章的内容。

无论你是讲口才与演讲课程还是培训师培养课程，只要你达到我这样的即兴表达能力，你自然就会得到学员的认可和尊敬。

培训过程

我们在前文讲述了10种培训开场技巧，而培训过程，则有更多的技巧。你使用不同的培训技巧，就会给学员带来不同的价值。

在“五步成师”的课程体系中，给学员带来较低价值的培训师，我其为普通培训师；给学员带来高价值的培训师，我称其为优秀培训师。

我相信100%的培训师都希望自己是优秀培训师。下面的几个技巧一定会对那些怀揣梦想的普通培训师有所帮助。

不要结论先行

普通培训师在讲知识点的时候，会结论先行，即先把知识点告诉学员，再用各种素材去解释这个知识点，然后讲下一个知识点。

优秀培训师同样是讲知识点，会先卖关子，不告诉学员结论是什么，会先使用各种素材来引导学员、总结结论。因为学员从培训师嘴里听到结论和自己思考总结出结论，二者的效果会截然不同，学员对自己总结出来的结论印象更深。与普通培训师的讲课顺序相比，优秀培训师采用的是倒序的讲课方式，从而引导学员找到答案。

喜欢结论先行的人，适合做科研，做报告，不适合做培训师。正如我前面所说，培训师不能剧透，而要让学员产生好奇——学了一个内容，更期待下一个内容。只有这样，学员才会不断地思考，培训师带给学员的价值才能最大化。

不要讲解误区

普通培训师在培训课堂上都会讲解误区，如执行力的误区、做 PPT 的误区等。

优秀培训师就不讲解误区，他们采用结果启发的方式来引导学员学习。如果某位学员在理解上存在误区，那么培训师就可以让其他学员来挑错——有几处错，错在哪里。这种结果启发的灵感是我从一款“大家来找碴”的游戏中获得的。所以，灵感无处不在，只要你开动脑筋，就会有无穷的创造力。

不要单一角色

普通培训师在讲课的时候，担任一种角色，就是做老师。

优秀培训师在讲课的时候，担任多种角色，有老师、学员、领导、职员、客户、父母等。

比如给连锁火锅店讲课，在三小时的课程中，你除了正常做老师之外，还可以当店长，当服务员，当客户。

那么在这些角色中，学员会更喜欢哪一种？

答案是学员的角色。因为台下听课的是学员，当你以学员的身份讲课时，他们更愿意听，更能与你产生共鸣。

不要没有顺序

普通培训师在讲多元素内容时是没有顺序的，随意讲解。

优秀培训师讲多元素内容是有先后顺序的，因为这更有助于学员理解。

举个例子：一位内训师主讲部门经理面试技巧，在他的 PPT 中，有一页内容呈现了 8 种企业招聘的关键因素——经验、学历、务实精神、获奖情况、形象、智力水平、才艺和思维创新。

那么他在讲这 8 个关键因素时要不要排序呢？如果要，该怎么排序呢？

答案是肯定要排序的。至于如何排序，这位培训师就要结合自己培训课程的逻辑线来做具体安排。

不要没有过渡

普通培训师讲课，讲完一个内容，就接着讲下一个内容，中间没有过渡。

优秀培训师讲课，讲完一个内容，然后逐渐过渡到下一个内容。

有过渡，学员的思绪就连上了；没有过渡，学员的学习就会出现断层。如何过渡、怎么过渡会更精彩，这些都是学问。在我多年的培训实战中，我就特别注重前后内容的过渡，如案例、故事、图片、视频等多种形式的过渡。

在我的第一本书《培训师思维》中，为了凸显过渡，我在每个章节的后面都加入了培训师“小白”的专属过渡板块。在本书中，我也在每个章节的结尾和下一个章节的开头有过渡的描述。

不要没有对比

普通培训师讲课是一个内容接着一个内容地讲，没有对比。

优秀培训师讲课是前后内容对比着讲，更易于学员掌握和理解知识点。

有一位主讲销售的内训师，他要备课销售技巧的课程，想了很久，还是没有思路，于是打电话问我。

我问他："你卡在哪了，你想表达什么呢？"

"我就是不知道如何让一名销售人员的销售过程更加精彩，我想突出这名销售的水平很棒。"他张嘴说出了自己的困惑。

我回答说："这好办，你可以运用对比的讲法，对比 A 和 B 两名销售员与客户沟通的能力，对比他们与客户签单的数量。"

他听了之后说："是啊，我怎么就没有想到呢？对比着讲解，虚拟两名销售的场景，真是太棒了。"

还有一次，我为客户讲商业包装，我把两瓶矿泉水进行了对比，对比出了新高度。

第一次对比，对比了有包装和没有包装的矿泉水——凸显包装的价值。

第二次对比，我对比了二者的价格，有包装的定价 2 元，没有包装的定价 1 元——凸显客户的选择。

第三次对比，水还是原来的水，我只是将包装提升一个档次，新包装的定价 10 元，老包装的还是定价 2 元——凸显档次的重要性。

你在做培训的时候，可以采用多种对比的方式，如正面对比、反面对比、侧面对比、想象对比等，让对比时常出现在你的课程中，实现学员的学习效果最大化。

不要没有错误

普通培训师在讲课的过程中，是严谨的，是循规蹈矩的，生怕讲错。

优秀培训师在讲课的过程中，是打破常规的，不害怕犯错。

下面，我引用脑白金的广告来为你们解读。

脑白金的广告语是“今年过节不收礼，收礼只收脑白金”。如果我们从语法的角度来看，这句话就是病句，因为前文的内容说了“过节不收礼”，那后面为什么还“收礼”呢？如果从消费者的角度去思考，这种病句往往会给人一种新鲜感。

为了达到同样的效果，培训师在讲课时也可以使用类似的句子。如果你讲授的是销售课程，那么你可以对学员说：“各位学员，现在这个时代，销售员不能用套路，能用的套路只有一个，那就是换位思考，想想客户真的需要什么。”

怎么样，你们看明白了吗？先说“不能用套路”，然后说“能用的套路只有一个”，你感受到这样说话的价值了吗？

不要没有训练

培训要有培有训，不能只有教学没有训练。所以，你在培训的过程中，要结合培训的主题和内容，设置多种多样的训练环节，从而让学员学得更好，学得更快。

本书中的“五步成师小训练”就是一种训练，它让学员参与培训过程，让学员施展才能、发挥想象，以检验学员的学习能力和掌握知识的程度。

培训结尾

传统结尾

传统的培训结尾，就是综合描述、提炼知识点以及呼吁行动的组合。

如果你教授的是销售课程，那么你就可以使用综合描述，首先将培训的全部内容概括一番，让学员得以回顾课程框架；其次是提炼知识点，将培训课程中比较重要的知识点提炼出来，再一次与学员分享；最后是呼吁行动，告诉学员唯有行动起来才能将学习的内容转化为生产力。

传统的培训结尾还是以培训师为主角的，培训师做总结、提炼知识点、呼吁行动，与学员缺乏互动。所以越来越多的培训师尝试放弃传统的培训结尾方式，改用学员参与的方式结尾。

学员总结

培训界一致认同且使用最多的结尾方式就是学员总结。为什么它超级好用呢？因为学员总结能够反映学员的学习情况，能够反映培训师的教课水平。

如果培训班没有分组，那么培训师就要鼓励学员主动登台分享，4~5 人即可。如果学员人数不足 20 人，那么培训师可以让学员进行简短的总结，每人一句话，这样全部学员都可以发出自己的声音。

如果培训班有分组，那就让每组派出一名学员做总结，可以是每组的组长，也可以是另一名组员。

学员在总结时可以表达自己的观点和想法，可以指出培训师的优势和不足。

朗读寄语

什么是寄语？寄语就是培训师在制作课件的时候，在最后一页 PPT 上呈现的结语。培训师可以采用朗读寄语的方式结束培训课程。

朗读寄语的正常操作流程是：培训师先朗读一遍，然后讲解寄语的含义，并当场邀请所有学员和培训师再次朗读。这样操作的作用是实现了培训师和学员的双向互动。

寄语的关键在于内容，寄语内容的编写尤其考验培训师的水平。

我在这几年的培训实战中，使用过几次寄语，颇有心得：写痛点和写解决方案，相信自己可以实现梦想。总之，只要你用心写寄语，再用心朗读，必然会有所收获。

如果你先安排学员总结，再安排朗读寄语，那么效果将会更好。

视频激发

在培训结束的时候，我还建议用视频做结尾。好的视频能够触动学员的心灵，加上培训师结合视频内容进行最后总结，这样必定会激发学员的潜能。

视频结尾和传统结尾不一样，在视频结尾中，培训师借用视频吸引学员的注意力，让学员对培训师的人和课程加深印象，相当于让学员表达了思想，参与了互动。

首尾呼应

培训结尾的技巧非常多，由于篇幅有限，我就以首尾呼应的技巧来收尾。在影视剧中，很多编剧都使用首尾呼应的方法来布局，让影视剧更有吸引力。培训课程也是如此，首尾呼应的结尾技巧能够起到吸引学员、篇末点题的作用。

前文讲述的 10 种开场方式也能作为结尾方式，只不过你要结合具体的课程挑出最适合的结尾方式。

第十章

五步成师开发轨迹图

给你学的“五步成师”加点料

2007—2017 年，我完成了大学生到职场人的角色转变，还完成了从创业者到职业培训师的角色转变。我深知是前九章的内容帮助到了我，尤其在找寻“五步成师”大纲灵感时，我每天都在应用着那 10 个渠道以及身边的更多细节。我也希望你们每个人都可以使用这些渠道找到好的灵感，并原创出属于自己的课程。

通过 10 年的实践体会和学习总结，我的大脑里面情不自禁地形成了一套体系，它能助我游刃有余地开发课程。

我为这个体系起了一个好听的名字，叫“五步成师开发轨迹图”。

这个轨迹图是什么呢？它和“五步成师”课程有什么关系呢？我先用上学的步骤打个比方，你就能明白了。一个学生要上幼儿园、小学、初中、高中、大学。这名学生如何在这些学校获得奖学金，如何得到学校老师的认可，如何以理想的成绩走入下一阶段？这时他就需要一份轨迹图了。

图 10 显示的是“五步成师”课程的 12 个关键环节，它们按照顺序合并到一起，就是“五步成师开发轨迹图”。

1. 主题 → 2. 流程 → 3. 整理 → 4. 极简

5. 积累 → 6. 孕育 → 7. 扩容 → 8. 造梦

9. 结果 → 10. 上瘾 → 11. 优化 → 12. 整体

图 10 “五步成师”课程的 12 个关键环节

如果把它们拆开与“五步成师”各个步骤对应的话，应该如表 12 所示：

表 12 《五步成师》课程大纲对应的课程轨迹图

课程名称	课程大纲	课程轨迹图
"五步成师"	第一步——培训大纲设计	主题、流程、整理、
	第二步——培训素材设计	极简、积累
	第三步——培训课件设计	孕育、扩容
	第四步——培训技巧设计	造梦、结果、上瘾
	第五步——培训模拟演练	优化、整体

下面我就每个关键环节的具体内容，为大家详细讲解。

培训主题

企业内训师要听领导的安排

各位学员，是否要做企业内部培训，依据的是企业培训需求调查的结果。我曾经在企业做过培训经理，每年年底都要在全公司内部开展需求调查，依此制订第二年的全年培训计划。有的培训经理会礼貌性地问问内训师的建议，有的培训经理会举办一次头脑风暴来深度交流，他们希望从企业内训师那里找到更多有价值的信息，从而制订培训计划。不过从岗位职责的划分情况来看，培训主题的选定还是公司领导和培训经理的工作，企业内训师只要听从企业领导的工作安排即可。

职业培训师看意愿

职业培训师和潜在培训师讲课，是可以根据自己的意愿来选定主题的，比如自己曾经工作的岗位、自己的兴趣爱好，以及每一年或每几年总会出现的新的流行主题。

前几年，企业做市场推广都用新浪微博和微信公众号，这几年今日头条火了，企业内训师要不要跟培训经理反映做今日头条推广呢？如今利用抖音宣传企业，效果极佳，要不要在这方面进行培训呢？这些都是新的主题，所以企业内训师要具备市场敏锐度，与培训经理共同协作，支持公司的培训事业的发展。

培训主题人体表格

在这里，我为大家提供一个培训主题人体表格（见表 13），供大家体会培训主题的类别。

表 13　培训主题人体表

人体部位	主题分类	主题案例
脑	跟商业有关	智商、情商、财商、逆商
	跟思维有关	逻辑思维、金字塔思维、结构性思维、思维导图、批判思维、颠覆思维
	跟技能有关	培训师思维、PPT 思维、品牌思维、销售思维、管理思维、设计思维
	跟能力有关	总结力、记忆力、联想力、想象力、魄力、借力、知识管理
心	跟性格有关	DISC（一种人类的行为语言）、九型人格、性格色彩 FPA（四色人格分析）
	跟境界有关	格局、共赢
	跟行为有关	礼仪
眼	跟看见有关	目标管理、职业规划
嘴	跟能力有关	口才演讲、辩论、沟通、讲故事、职业培训
	跟商业有关	谈判、路演、招商、会销、主持
手	跟工具有关	Word、Excel（微软公司编写的一款电子表格软件）、PPT 等
脚	跟行动有关	执行力、职业化

（续表）

人体部位	主题分类	主题案例
人	跟整体有关	人脉、品牌、文化
	跟职业有关	销售、人力资源、行政、财务、采购、IT（信息技术）、客服、项目、生产、安保
	跟职级有关	董事长、总经理、总监、经理、主管、专员

这个培训主题人体表格，是我结合自身多年的培训经验总结归纳的，我希望你们能从这个表中体会到我从内到外、从局部到整体的逻辑线。

只有在熟悉了各种主题后，你才能对培训主题有更深一层的理解，才能想出一条清晰的逻辑线，设计出流畅的培训大纲流程。

培训流程

新手培训师做培训是有流程的——先想，后写，最后讲，而且这个流程是固定的且是唯一的。

新手培训师还没有想清楚就去写，写的东西能好吗？或者他直接讲，没有想和写做铺垫，能讲得精彩吗？

高手培训师做培训也是有流程的，只不过与新手培训师的完全相反——先讲，后写，最后想。因为他是高手，登台讲课几乎不需要提前备课。

既然新手培训师和高手培训师的流程区别这么大，那么你就可以根据流程检测出自己的培训水平。就拿时间来衡量吧：一次课的备课时间大于 24 小时的培训师，就是新手培训师；一次课的备课时间小于 24 小时甚至不需要备课的培训师，都属于高手培训师。

那如何减少备课时间呢？如何快速从新手培训师升级为高手培训

师呢？其实答案很简单，那就严格执行新手培训师的流程——先想，后写，最后讲，只不过这三个流程都有其侧重点。

想是流程

在我做培训师的这些年中，很多人说我口才好，说我在第四章中做的扑克牌即兴自我介绍的能力是天生的，说所有演讲高手、培训高手都跟基因有关。我告诉大家，这种观点是错误的。

一方面，我本人从小就有点口吃，我能走到今天，能够获得学员和社会的认可，完全是我后天努力的结果。另一方面，你可以去调研一下，我的父母，演讲高手、培训高手的父母，他们的口才都很好吗？答案更是显而易见，不是。

既然不是天生的，既然跟基因无关，那跟什么有关呢？归根结底，还是我前面说的“想”。

我曾经通过电话给学员辅导，我在电话中各种金句脱口而出，学员都惊叹了。

学员：“李老师，您辅导得太好了，您能不能把刚才的对话稿给我？”

我说：“我没有对话稿，就是即兴表达的。”

学员：“那怎么办啊？刚刚提到的观点和案例都太精彩了，我都没有记录。”

我说：“那你下次给我打电话咨询的时候，要开录音，然后你对着录音就可以归纳总结了。其实我们交流的过程，不就类似于我在课堂上带着你们找灵感吗？”

当和学员通话结束后，我自己就想，到底是怎么原因使我可以即兴表达呢，让我说出了很多金句呢？想来想去，最终我想明白了，就是我已经熟练掌握了流程。我之所以能够原创出中级大纲和高级大纲，完全是这一流程的实战应用。

简单地说，流程就是先后顺序，你只要掌握这种顺序，然后勤加练习，自然可以熟能生巧。比如炒菜、做饭有流程；学车，从科目一到科目四，有固定的学习顺序；财务有流程，销售有流程。可以说世间万物都有流程。

你在工作和生活中，无论遇到什么事情都可以去想它有什么流程。

如果一件事跟你没有关系，那么为了锻炼自己，你也可以想一想，别人的流程是什么，切记要站在对方的角度去思考这个流程。只有不断地锻炼自己，你才能让自己“想”得更多，这样的“想”才更有价值。

所以，“想”能让新手培训师和高手培训师的差距逐渐缩小，“想”能让一名新手培训师成为高手培训师。

写是框架

新手培训师会按照流程先自己想，然后写一个稿件，培训界很多人叫它“逐字稿”。顾名思义，逐字稿就是提前将自己要讲的内容，一个字一个字地写出来。

我这些年听过很多培训师的课程，他们给我的感觉是：所有的讲课内容好像是背下来的，一点也不自然。

后来我遇见了几位培训师，就故意问他们，我说：“你们为什么写逐字稿啊，写逐字稿有什么好处啊？”他们回答不外乎这三点：内容固定都能讲到，按逐字稿讲课不会出差错，心里有底。

各位学员，估计你们也会有这样的想法吧。

此时，我不妨跟大家分享一下我对逐字稿的看法。

你在找灵感的时候，发现了一个不错的培训素材，可以尝试把这个素材的讲稿写出来，形成一种素材逐字稿，方便你熟悉和日后使用这个素材。

我不建议你把培训课程的所有内容都写下来形成逐字稿。一方面，你已经有培训大纲和培训课件了，它们都相当于逐字稿，你无须做无用功。另一方面，在做培训的时候，如果你发现你的培训内容不易被学员理解，那就需要调整先后顺序，对某些内容做出较大的调整，那你费了九牛二虎之力准备的逐字稿便不再适用。另外，你的培训内容肯定不会完美无瑕，你肯定要对其优化和补充新素材，与时俱进，不断迭代，因此把所有内容都写下来形成逐字稿的意义不大。

讲是口语

现在的培训课程存在这样的趋势：培训内容越官方、越字正腔圆，越得不到学员的认可；大多数培训师都使用口语教学，因为这样会使培训内容更鲜活，培训课仿佛是培训师与学员进行的一场对话。

口语化作为培训课程的一种语言表达方式，正在以燎原之势影响着越来越多的培训师。

培训整理

想的前提

各位学员，如果你选定了培训主题，也认可我讲的想、写、讲的培训流程，接下来你可能会问，那该怎么想呢？

那好，我这就公布答案。

你想知道如何去想，就必须要懂得想的前提。想的前提是什么呢？就是你的身份。你千万别把自己当学生，因为大多数学生是看不清事物本质的，他们是迷茫的。

我在第二章的“从学员变老师”中已经提前展示了想的前提，那就是：作为学员的你要把自己想象成一名培训师，站在培训师的角度来思考问题。培训师也一样，他们想的前提也是身份，他们如果能转换身份思考问题，那一定可以原创出更多的优秀作品，一定能成为非常优秀的培训师。

想的定位

我自做培训师以来，接触了形形色色的培训师。我曾经问过他们的梦想和目标，结果让我大跌眼镜：10 个人里面，有 1 个人想做顶尖，1 个人要做行业前三名，剩下 8 个人只是说，想锻炼口才，只要能讲课就好。我想说的是，如果你的定位不是做到顶尖，那你的培训内容就很难有深度，你的培训课程的价值就很难得到拔高。

还有人说：“李老师，我想慢慢来，因为我知道学习需要一个过程。”

我说：“慢慢来是对的，学习确实有一个过程，但是定位和慢慢来不冲突，你必须先给自己一个有梦想的定位。当年我在企业做内训师，我的定位是内训师中讲课最好的一个。后来我在沈阳做培训师，我对自己的定位是成为沈阳地区排名前三的优秀培训师。现在我在全国开课，我对自己的定位要成为全中国培训领域排名第一的优秀培训师。当然还有很多同行比我优秀，他们的专业比我强，经验比我多，他们成功的案例是我的十倍甚至百倍，但是如果我不敢定位，不敢有梦想，那我跟一条咸鱼有什么区别呢？”

想的感觉

我们重温一下，想的前提是别把自己当成学员，想的定位是做到顶尖。接下来我要说的是想的感觉，这种感觉非常关键。

为什么想的感觉非常关键？因为想是基于每一个人不同的感觉的。之前有很多学员问过我，想的感觉有没有模板，我想直接套用。我想说的是，一直以来都没有模板，如果有的话，我会把你们培养成一模一样的人。

想的感觉是如何形成的呢？我的答案是两个字——整理。

我不是一个特别爱干净的人，但是我看到乱的场景就特别想整理。发现乱、整理乱，殊不知几年下来，我已经养成了整理的技能，而且摸索出了一套整理的思路和方法，正是这些思路和方法让我对销售、对管理、对执行力、对时间管理、对演讲、对写作等都形成了一种感觉，这种感觉就是想的感觉。

万事万物都能被整理——整理出类别，整理出特色，整理出想的感觉。

此时，我邀请你回看本书前九章的内容，为什么我会有五步成师整理箱？为什么我要在电脑里面建立文件夹分门别类地放资料？为什么我会有培训素材的各个文件夹？这一切都是整理的价值体现，它们给“五步成师”课程增添了亮点。

培训极简

极简的好处

极简是一种理念，它对我们开发培训课程有着非常大的帮助。

极简就是少，就是做减法，就是要把很多东西抛开，轻装上阵。

如果你做到了“想”有前提，“想”有定位，那么就必须带着极简的理念去整理。因为只有这样，你才能提高整理的效率，你才能达到极简的目的，你才能更快地实现你的培训目标。

极简的理念应用

要想拥有极简的理念，做到极简的动作，你就必须要养成极简的思维。

比如你的目的是开发课程，你在书籍中找寻灵感时，就需要极简，只看你需要的。

比如你的目的是个人成长，你看的书需要极简，需要挑选精品的书。

比如你要搜集视频素材，你需要极简，只选择观看与你的培训主题相关的视频资料。

比如你要和大咖聊天，你需要极简，需要筛选出有意愿分享心得的大咖。

培训积累

积累的本质

很多培训师的知识积累是通过看书、看视频和与人沟通交流而获得的。

我在《培训师思维》里面就专门设立了“专注”一章，讲述的是专注的基本功、专注的应用、专注的作用等。这种专注也是一种知识积累的方式。

上述知识积累的方式是普通的方式，被新手培训师广泛应用，而高手培训师不是这么积累知识的。高手培训师的知识积累侧重于两个字——想象，一种天马行空的想象，一种直冲云霄、无边无际的想象。

任何创新都是在客观的基础上进行的想象：莱特兄弟受到鸟类飞翔的启发，研制出了飞机；李新海受到职业培训师的启发，原创了“五步成师”课程……

积累在人

最近几年，有很多好的电影作品问世:《战狼 2》凸显了个人英雄主义,《摔跤吧爸爸》体现教练的作用和价值,《前任 3》让观众哭得一把鼻涕一把泪,《羞羞的铁拳》和《神秘巨星》也都是不错的影片。如果你不看电影，你自然无法积累里面的价值。

我用极简的理念挑选了这几部电影去看，每次看完影片，都会逼着自己写一篇跟培训有关的文章。《战狼 2》给我们培训师带来哪些启发?《羞羞的铁拳》给我们带来哪些启发?《神秘巨星》又能带来哪些启发?这些文章是我的想象、灵感、收获和创新的集合体，它们对我的培训课程起到了莫大的作用。

如果你真的做到了选定主题、确定流程、整理分类、极简理念和积累在人的话，那么你就可以将你的课程孵化出来了。

培训孕育

孕育培训大纲

孕育培训大纲是培训师开发课程中非常关键的一步，孕育既简单又复杂。

“五步成师”课程是由开场、过程、结尾三大内容组成的，并且使用了太阳发散图。

如果我们把“五步成师开发轨迹图”看作是一门培训课程，并使用太阳发散图来讲课，那么会得出什么结果呢?

首先，选定主题。我选定“培训师培养之课程开发”为主题，并给它取了一个好听的名字，叫“五步成师开发轨迹图”。其次，确定流程。大体的流程，我心里已经有数了。最后，整理关于课程开发相关的内容，并用极简的理念留下精华的内容。在懂得这些之后，我就主动去积累，力求让流程、整理、极简都做到当下的极致。

孕育培训课件

当孕育出培训大纲后，你就可以使用太阳发散法去画框架了（见图 11）。

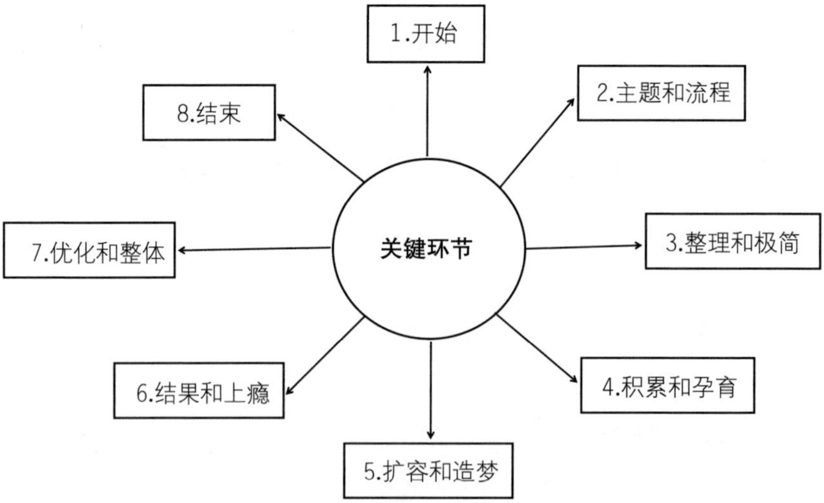

图 11 “五步成师”课程关键环节的太阳发散图

图 11 包含了 3 个小时的内容，平均每个环节只有 15 分钟，这难免在时间上不能满足培训的需求。所以，我们要把这开发孕育出的 3 个小时的内容整理成一份基础课件，然后将其扩容成 12 个小时的课件（两天的课程），并且将其分成 4 个部分，这样培训师就可以将“五步成师开发轨迹图”的课程讲得非常通透了。

培训扩容

时间扩容

扩容的目的和意义非常简单，就是要让图 11 中的每一个环节扩容到 90 分钟。这对于非培训师从业者或者培训经验不足的人来说，是一个很大的挑战，但是对于学过“五步成师”课程，又补充学习了“五步成师开发轨迹图”的人来说，是非常轻松的。

时间扩容需要知识的积累，不是你在房间里苦思冥想就能实现的。我们在前文已经讲述过知识积累的相关内容：一旦你积累的知识达到了一定数量，就会发生从量变到质变的飞跃，你就能轻松地将它运用到培训课程中，也就能轻松地实现扩容。

内容扩容

首先是正面扩容。

你不光要自己研究课程，还要别人给你的课程提供反馈意见。你的学员和朋友，甚至家人都能给你提供宝贵的意见。你可以当面给他们做一次培训，或者录制好音频或视频发给他们，然后你就会得到两个结果。

第一，你自己看视频听音频，自己反思，自己查缺补漏。

第二，你等他们看完听完之后，询问他们对这个视频或音频的建议——有哪些优点和缺点，还有什么内容是需要补充的。

其次是侧面扩容。

你可以在培训课程的知识点中加入误区讲解。当然，干讲的互动性不强，你可以使用我说的“大家来找碴”的讲课方法。

有的培训课程把误区叫作常见错误、注意事项、小贴士、友情提醒，无论什么叫法，它们都是侧面扩容的必要因素。

培训造梦

企业内训师造梦

企业内训师在企业上班，可以通过努力升职为培训经理或培训总监，还可以转行为职业培训师。

我希望培训师都能够明白一句话：如果你自己不给自己制造一个梦想，那么你给学员培训的时候，学员怎么会有梦想呢？

造梦和空想，不一样。造梦是有目标的，是可以实现的，比如梦想买个房子、买个跑车，梦想升职加薪，梦想帮助更多的人。而空想是不切实际的想法，是无法实现的。

所以，作为培训师的你要先给自己一个梦想，再给学员一个梦想，因为有梦想才会有动力，有动力才会去行动，行动了才会有结果。

职业培训师造梦

有人问我："李老师，你有梦想吗？"

我回答说："有，我想在全中国培养 1 000 位优秀的培训师。"我没有开玩笑，我是很认真的。这件事情，我已经做了 5 年多了。我创作的《培训师思维》和《五步成师——优秀培训师轻松炼成法则》，都是为了加速这个梦想的实现。

我的一位好朋友评价我说："新海，我对你的评价就三点。很多人不知道自己想要什么，而你是为数不多非常清楚自己想要什么的人，并且你还能付出自己的努力和时间，这是第一点。第二点就是，你是一个隐忍的人，你受了委屈从不跟别人抱怨。第三点就是，你很聪明，你做事都是以结果为导向，你还能够找到相对便捷的好方法。所以我的结论是，你有目标，也有心态和技巧，那你怎么能不成功？”

各位学员，听完这些评价，你们有什么感受呢？如果你是一名职业培训师，或者想成为职业培训师，那么请和我一样，为自己树立一个目标。

如果你讲销售技巧的课程，那么你就要有培养多少个销售冠军的目标。

如果你讲执行力的课程，那么你就要让学员的执行力提高多少倍的目标。

如果你讲思维导图的课程或办公软件的课程，那么你就要有相匹配的梦想去帮助你的学员，甚至促进企业的发展。

我们再说说原创这件事情。我有一个行业内资深的培训师朋友，他有 15 年的培训经验，能力很强。他有一次跟我说：“新海，无论企业遇到什么问题，我都可以马上给企业提出解决方案，可以让它们的领导和员工都满意。但是我内心知道，我的能力不够，尤其是不具备原创课程的能力。”

他的这番话可能有多种寓意吧：也许是说他自己的知识积累不够，也许是说原创真的很难。

其实，原创可以很简单。之所以那么多人认为它复杂，那是因为他们欠缺一味药引子，那就是商业化意识。而恰恰这些年，结合很多商业信息，结合很多培训公司的培训经理的经验，以及对多门培训课程的总结和升华，我已具备了商业化意识。这种商业化意识是专门研发培训课程的商业化意识，所以我能够把很多内容变成商业模式。

另外，如果要实现梦想，那么你对于自己的培训课程的标准也要提高。请想一想，普通的培训课程，你怎么能够拿出去推广呢？能够拿出去推广的课程必须是高级课程。当年在研发“五步成师”课程的时候，我就了解到全中国有很多职业培训的课程，并对这些课程的内容加以研究，最终决定采用一种新的标准来打造这门课程。

培训师需要梦想，但是如果把梦想定得很低，只是想站在讲台上正常讲课就行了，那么你永远也不可能发展起来，因为你没有给自己制造一个远大的梦想，你就会失去动力，停滞不前。

培训结果

好的培训课程一定能帮助学员解决问题，让学员得到他们想要的结果，这样他们就会觉得学费没有白交，时间没有被浪费。

我经过多年的研究和总结，发现学员想要的结果有三类。

时间结果

培训师在讲课时，应该每20分钟就要产生一次小的结果，比如一个问题的答案，一个知识点的解析。为了加强记忆，培训师要在后面的课程当中反复提及前面的结果，这样有利于学员加深记忆，还有利于他们对培训内容的融会贯通。

内容结果

内容结果是什么，就是某个思想、某个流程、某个案例工具，还可以是一个手势或一个优盘。在“五步成师”的教学过程中，我会将五步成师整理箱和五步成师培训素材的相关资料存在一个优盘中，下课之后发给学员拷贝。

另外，在上课的过程中，培训师为了让学员加深理解而播放的音频、视频资料等，也属于内容结果，培训师也要在合适的时候将它们与学员分享。

课后结果

学员除了通过普通学习获得的结果以外，还有更多延伸结果的需要，比如课后遇到问题向培训师请教的需要，希望培训师提供私人订制服务的需要，等等。

这种课后的结果，其实就是一种未来的结果。

在公司做培训的企业内训师，在培训结束之后，可以开辟学员沟通渠道，为学员解答问题，从而帮助学员取得更好的业绩。

为企业提供内训的职业培训师，在课程结束之后，有时会提供为期一个月，甚至一年的服务，从而帮助学员解决各种疑难杂症，履行一个职业培训师应有的职责。

培训上瘾

培训师本人

在公司内部举办的一次内部培训结束后，学员们都上瘾了，他们要求内训师继续组织培训。对于职业培训师组织的免费公开课，学员在听完课程后，都上瘾了，非要报名高端收费课程。对于职业培训师组织的收费公开课，学员在听完课程后，觉得非常过瘾，还要继续升级更贵的课程。这些都是上瘾的表现。那学员到底对什么上瘾呢？培训师。

你会发现，有的培训师讲课特别有煽动性，他们就好比是当年音乐界刚出道的周杰伦和李宇春，学员很迷恋他们，无论作品的好坏。

前面我们提到的培训师造梦，就点出了造梦的关键：如果培训师有伟大的梦想，并能让学员感同身受，那么学员就会情不自禁地配合培训师去实现梦想。学员的这种行为就是一种潜移默化的上瘾的表现。

学员的快乐

培训师的课程讲得好，能带来学员想要的结果，学员就会上瘾。那培训师如何才能把课程讲好，让学员上瘾呢？

这就不得不提一本叫《成瘾》的书，书中提到了一个案例：美国最近的一项关于药物使用的研究发现，在注射海洛因的人群中，35% 的人会上瘾，而在吸烟的人群中，80% 的人会上瘾。

为什么会这样呢？数据是不会骗人的。

研究人员经过仔细分析，得出结论：虽然香烟不如毒品的危害性大，但是香烟一旦点着，可以一口一口地吸，会给吸烟者带来一种持续的愉悦感；而吸毒只会形成一种短暂的愉悦感，没有持续性。

我发现这个案例中的两个关键点：一个是愉快的感觉，一个是持续性。

学员来参加培训，希望得到结果，希望从培训的过程中获得愉悦感。所以，培训师在讲课时要营造一种峰回路转、跌宕起伏的课堂氛围，而不要一股脑地将培训的内容灌输给学员。

培训优化

名字优化

培训师在开发课程的时候，课程名称都是从无到有的，这是一个过程。课程在有了名称之后，也是需要不断迭代和优化的。比如“五步成师”课程的 12 个关键环节，在一开始都不知道叫什么；在有了各个环节的名称后，我决定再总结一个能够概括它们的名称，想了很多名字，最终选定为“五步成师开发轨迹图”。

在培训教学的过程中，一旦主题确定了，接下来的关键步骤便是确定课程名称。很少有培训师第一次就能把课程名称起得很精彩，所以培训师要在工作中不断地总结和提炼，从而使得课程名称不断优化和更加精彩。

“编、导、演”优化

普通的培训师通常是内容的“编、导、演”（编剧、导演、演员），而我就与他们不同了，我把“编、导、演”都优化了——编，我用课程大纲的设计方案代替了；导，我用培训课件的设计方案代替了；演，我用培训技巧的设计方案代替了。这种优化不是简单地换一个词，而是采用了完全不同的理论体系。

如果你在做培训，那么你所讲的内容是否可以优化，是否可以优化出属于你自己的理论体系呢?

内容优化

无论培训师采用的是专业内容还是素材内容，它们都有三个原则。

第一，有总比没有强。

当你讲完一个知识点后，你需要一个案例来做支撑，就算不太匹配，也一定要有。

第二，新的总比旧的强。

很多培训师在讲执行力的时候经常会用到下面的案例：

有一群老鼠在开会，研究怎样应对猫的袭击。一只“聪明”的老鼠提出，给猫的脖子上挂一个铃铛。这样，猫行走的时候，铃铛就会响，听到铃声的老鼠不就可以及时跑掉了吗？大家都认为这是一个好主意。可是，由谁去给猫挂铃铛呢？怎样才能挂得上呢？

这个案例的内容是陈旧的，如果培训师有比这个更好的，更能凸显执行力的内容的，那就把它替换掉吧。

第三，多总比少强。

如果培训师能从多个维度紧扣知识点多层次地说明问题，那么要比从一个方面来说明问题强得多。

虽然可用作培训的内容有很多，但是你需要不断地搜集和提炼，这样你才能对课程中的原有内容进行更新和升级。如果你掌握的资料比较少，那么或许我可以助你一臂之力，因为我每天都在研究各种培训内容。

培训整体

整体大纲

按照“五步成师开发轨迹图”的指引，你已经来到了 12 个关键环节的最后一个环节——培训整体。培训整体就是你结合本书的前九章以及第十章的前 11 个关键环节制作的属于你自己的培训大纲。

培训大纲里要有开场、过程和结尾，要有太阳发散图（3 小时的课程就画一张太阳发散图，12 小时的课程就画 4 张太阳发散图）。

现在，你可以去原创自己的课程了，看看你能否按照五步成师第一步——培训大纲设计中的精髓，去设计出中级培训大纲或高级培训大纲。

整体课件

在整体大纲设计完成后，你可以根据大纲去搜集素材，找到合适的素材就可以制作培训课件。当整体的课件制作完成后，你自己体会一下是否满意，如果满意，那是理想的结果，如果不满意，就自己调整，直到你满意为止。

第五步——培训模拟演练

让你过五关斩六将，独挑大梁

五步成师的最后一步

讲 10 分钟

时间飞快，不管是你在看书，还是在上“五步成师”课程，我们现在已经走到五步成师的第五步——培训模拟演练，这就意味着你要走向讲台了。

五步成师的前四步和“五步成师开发轨迹图”，已经可以支持你制作出课件了。现在，你可以选择培训课件的任意一个部分，讲 10 分钟，用课件也行，不用课件也行，让我听听你这 10 分钟的课程是否有魅力，是否能让我上瘾。

讲 60 分钟

如果这 10 分钟的课程充满魅力，那么你就可以挑战 60 分钟的课程了。你可以选择把你的 10 分钟扩容到 60 分钟，也可以将多个 10 分钟的内容组合起来讲，如何表现由你决定。我只是想从培训师变身为普通学员，好好地听你讲课，希望这 60 分钟的课程同样魅力十足，同样能够让我上瘾。

当然，如果你讲得不好，那么我会恢复培训师的身份，帮你挑出毛病，然后告诉你如何优化，直到你讲的培训课程征服了我，直到我挑不出毛病。那个时候，我会为你举办认证大会，会为你颁发毕业证书。

讲 3 小时

3 小时课程是 60 分钟课程的扩容，此时你的羽翼已经丰满，你可以去企业做一次内训，或者在社会上开一次3小时的公开课了。10分钟的课程算内部练习，60分钟的课程算内部考试，而3小时的培训就是真刀真枪地讲课了。如果这3小时的课程获得了企业客户或学员的认可，那么你就会有后续讲课的机会了，未来的培训大门就会向你敞开。虽然我不能从头到尾现场听你3小时的课程，但是我可以针对某一个点给出一些建议和方法，来帮助你讲好这3小时的课程，因为我是你永远的后盾。

讲12小时

一般来说，你能讲3小时课程，那12小时也没有问题。一方面，你已经把培训大纲、素材、课件和技巧都准备好了，你也通过了各种练习和考试。另一方面，参加培训的学员都已经付过费用，他们都是有备而来的，如果你不好好准备这12小时的课程，那么你的声誉和收入都会受到影响。

在通过上述10分钟、60分钟、3小时和12小时的讲课演练后，你就能成为一名优秀的培训师了。

五步成师最后一句

现在，我送给所有学员和读者一句话，算作对“五步成师”课程的寄语吧，那就是：培训师必须要弄懂客观和主观、理性和感性、半图和全图、稳重和激情、慢速和快速（见表14）。

表 14 “五步成师”课程寄语

客观	主观
理性	感性
半图	全图
稳重	激情
慢速	快速

这最后的寄语，是什么意思呢？

首先，我们说说表 14 的左侧。

培训师讲课评价人和事要客观，讲述的内容要合理，制作的课件要图文并茂（半图），体现的风格要稳重，重点内容要慢讲。

其次，我们说说表 14 的右侧。

培训师讲课要表达主观看法，讲述的内容偶尔抒发自己的情感，制作的课件偶尔要配全图（会给学员一种震撼的感觉），风格要激情四射，非重点的内容要快讲。

最后，我要说说表 14 左右两侧的内容在培训课程中的比例。

表 14 中共计有 10 个词，所有的培训师在培训的过程中都会用到。只是不同的培训师，由于专业不同、风格不同，最终使用的比例也不同。如果你把这 10 个词作为培训师心法，那么我相信你一定可以不断进步。

五步成师最后一招

“哆啦 A 梦”的选择

在“五步成师”的课程中，我讲了很多技巧，其中有一招是我多次强调的：在开发课程时先不要去思考培训的开场和结尾，因为当你在研发内容的时候，开场和结尾的方式会主动呈现。

就在这本书马上要结尾的时候，我发现了一个段子。

如果让我选择，我还是选择遇见你

哆啦A梦陪了大雄80年。大雄临死前对哆啦A梦说：“我走之后你就回到属于你的地方去吧！”哆啦A梦同意了！大雄死后，哆啦A梦用时光机回到了80年前，对小时候的大雄说：“大雄你好，我叫哆啦A梦。”

我从这个段子中获得灵感，编写了下面的内容，以展现这最后一招的力量。

“五步成师”陪了李新海70年。李新海在临死前对“五步成师”说：“我走了以后，就不能再讲你这门课程了，找一个能驾驭你的培训师吧！”“五步成师”同意了！李新海死后，“五步成师”用时光机回到了70年前，对正在研发原创课程的李新海说：“李老师，你好！我叫‘五步成师’，请把我当作你的精品课程吧。”

每位培训师都必须要有自己的原创课程并把它做到极致，从而让别人无法取代。所以不管你是谁，不管你是否学“五步成师”，你都需要原创一门课程。

我是“哆啦A梦”

很多学员给我起了一个绰号，叫培训界的哆啦A梦，因为无论他们需要什么，我都能提供给他们；无论他们提出什么问题，我都能解答。

我就是活生生的一个现实版的哆啦 A 梦。

阅读我的第一本书《培训师思维》的人，从书中吸收精华，一定能成为优秀的培训师。

认真研读我的第二本书《五步成师——优秀培训师轻松炼成法则》的人，也能成为优秀的培训师。

当然，如果你两本书都读过，并积极地行动起来，那么我相信你一定会是优秀中的优秀。这样，你就不需要我了，剩下的日子就靠你自己了。

我相信，各位学员在毕业后都能够闯出一番天地，实现自己的梦想。

我更相信大熊可以独立起来，在没有哆啦 A 梦的日子里不受别人的欺负，可以和静香一起幸福快乐地生活。

最终，培训师可以不管自己的学员了，哆啦 A 梦也完成了自己的历史使命。虽然分离是痛苦的，但是培训师的精神会一直陪伴着学员成长。还记得我为培训下的定义吗？培训就是“陪着你训”。多好的定义啊！

像哆啦 A 梦陪伴大雄一样，李新海会一直陪着你训，并伴你同行，让你永远不受别人的欺负，让你在培训界有个靠山。请记住这个靠山的名字——李新海。